FRAUEN erneuern HAVANNA

CHRISTINE HEIDRICH (HG.)

FRAUEN
erneuern
HAVANNA

Architektinnen, Ingenieurinnen
und ihre Bauwerke im architektonischen
Weltkulturerbe der Altstadt

KEHRER

Inhaltsverzeichnis

Havanna
ist der Name
einer Frau

Der Anblick Havannas, wenn man in seinen Hafen einfährt, ist heiter und malerisch wie kein anderer an den Küsten des äquinoktialen Amerika nördlich des Äquators. [...] Hier mischt sich eine Anmut, wie wir sie von den Kulturlandschaften unserer Klimata kennen, mit der für die heißen Zonen charakteristischen organischen Kraft [...].

Alexander von Humboldt[1]

Geleitwort

Seit dem Beginn ihrer Arbeit haben die Frauen maßgeblich zur Wiederherstellung und Rettung der Altstadt von Havanna beigetragen, unterstützt, geschult und inspiriert durch die Begeisterung ihres Leiters, des Stadthistorikers Eusebio Leal.

Sie alle, Konstrukteurinnen, Architektinnen, Bauingenieurinnen, Psychologinnen, Soziologinnen, Ökonominnen, Historikerinnen, Journalistinnen, Technikerinnen, Spezialistinnen und Führungskräfte, symbolisieren die Hingabe und Leidenschaft für die Arbeit.

Jede einzelne Frau hat eine Geschichte in jeder Ecke der Altstadt, hinter den alten und den neuen Mauern. Man kann sie im Ergebnis ihrer Arbeiten sehen, mit der Erinnerung an die vergangenen Jahre, und man kann den Traum wahrnehmen, den sie noch haben.

Zum 500-jährigen Jubiläum der Villa San Cristóbal de La Habana widmen wir ihnen und allen anderen Frauen dieses Buch mit einer Auswahl einiger Projekte, die ein Vorher und ein Nachher auf dem Weg der Restaurierung zeigen.

Tatiana Fernández de los Santos
FÜR DAS BÜRO DES STADTHISTORIKERS VON HAVANNA
JUNI 2019

—— **1** Alexander von Humboldt, *Voyage aux régions équinoxiales du Nouveau Continent [...]*, Voyage de Humboldt et Bonpland, Partie 1, Relation historique, 1814–25, Bd. 3, Paris 1825, S. 348.

Einleitung

Die ursprüngliche Idee zu diesem Buch entstand aus meinem ersten Besuch in Havanna, als ich auf die Ausstellung *Ellas restauran* (Sie restaurieren) von 2011 aufmerksam wurde. Dass darin ausschließlich Architekturprojekte unter der Leitung von Frauen gezeigt wurden, ist richtungsweisend. Denn Frauen in führenden Positionen sind im Bauwesen weltweit eine Minderheit – außer in Kuba. Die nun entstandene Dokumentation gibt einen Einblick in die Werke von Architektinnen und Ingenieurinnen, die fast alle bei *Ellas restauran* vertreten waren. Texte verschiedener Autoren und Autorinnen[1] informieren über die Architektur in Havanna und die Rolle der Frauen[2], ergänzt durch Ewa Maria Wolańskas fotografische Stadtansichten.

Mit den Worten aus Humboldts berühmtem Reisebericht zu seiner Einfahrt in den Hafen von Havanna beginnt der kubanische Romancier und Essayist Alejo Carpentier seine literarische Liebeserklärung an die kubanische Hauptstadt und beschwört damit die Faszination, die der Name Havanna bis heute hervorruft.[3] Eine Anziehungskraft, die vor allem auf die einzigartige Vielfalt ihrer Architektur zurückgeht. Sie reicht vom spanisch-maurischen Kolonialstil – Havanna wurde 1519 von spanischen Eroberern gegründet – über den Historismus und den Jugendstil mit karibisch farbenfroher und experimentierfreudiger Prägung bis hin zum Baustil der Moderne.[4]

Zu Beginn des 20. Jahrhunderts war Havanna eine der modernsten Metropolen der Welt. Vor allem durch amerikanische Investoren und ihre umfangreichen Geschäfte in der Zuckerproduktion gelangte viel Geld in die Stadt. Während der Regierungszeit des Staatspräsidenten Fulgencio Batista entstanden zahlreiche Gebäude nach den damals neuesten Trends, und man führte etliche bautechnische Neuerungen, zum Beispiel im Einsatz von Beton, aus Europa und Nordamerika ein.[5]

Der Bauboom, an dem auch die Mafia beteiligt war, nahm schließlich am 1. Januar 1959 mit der von Fidel Castro angeführten Volks- und Unabhängigkeitsrevolution ein jähes Ende. Doch gebaut wurde in Kuba weiterhin: Nach der Revolution entstanden herausragende international anerkannte Beispiele zeitgenössischer Architektur wie etwa die Escuelas de Arte (Nationale Kunsthochschulen) in Cubanacán, Havanna.

Als Anfang der 1990er-Jahre der Ostblock zusammenbrach, geriet Kuba in eine schwere Wirtschaftskrise. Bereits seit den 1970er-Jahren kämpft das Land mit dem von den USA auferlegten Wirtschafts-, Handels- und Finanzembargo, das aktuell schärfer ist denn je und auch Städtebau, Architektur und Bauwesen betrifft. Dennoch wurden bis zum 500-jährigen Stadtjubiläum von Havanna 2019 weite Teile der Altstadt erneuert, viele der Bauprojekte wurden national und international ausgezeichnet – eine großartige Leistung.

Dass das Bauwesen in Kuba staatlich organisiert ist, bringt dabei einige Vorteile mit sich. Zum Beispiel vereinfacht das gemeinsame Verwaltungssystem die Kommunikation der Behörden untereinander, und dass Grund und Boden in Havannas Altstadt Staatseigentum sind[6], macht städtebauliche Planungsverfahren unkomplizierter als in Ländern mit Privatwirtschaft.

Bemerkenswert ist auch, dass sich unter der sozialistischen Regierung Frauen seit den 1980er-Jahren eine maßgebliche Rolle im Bauwesen erarbeitet haben, vor allem mit ihren Beiträgen zur Restaurierung und Sanierung alter Bausubstanz. Herausragend sind unter anderem ihre innovativen Strategien zur prozesshaften Erneuerung der Altstadt von Havanna[7], die 1982 mitsamt ihren historischen Festungsanlagen zum UNESCO-Weltkulturerbe erklärt wurde. Das seither entwickelte Stadterneuerungsprogramm ist für zahlreiche Großstädte in Lateinamerika zum Vorbild geworden.

Dieser Erfolg geht auf das Wirken des Büros des Stadthistorikers (Oficina del Historiador de la Ciudad de la

— **1** Sofern zur besseren Lesbarkeit nur die männliche Form verwendet wird, sind immer beide Geschlechter gemeint. — **2** Würde die Auswahl der Frauen europäischen Kriterien folgen, so wäre sie auf Architektinnen als maßgebende Planerinnen beschränkt. In Kuba sind jedoch – anders als etwa in Deutschland oder der Schweiz – Architektur und Ingenieurwesen eng miteinander verbunden. Eine Trennung der beiden Sparten würde den kubanischen Verhältnissen nicht gerecht, in der Firma Restaura arbeiten Angehörige beider Geschlechter und Professionen eng miteinander zusammen. — **3** Vgl. Alejo Carpentier, „Stadt der Säulen", in: Alejo Carpentier, *Mein Havanna*, Zürich 2000, S. 103–127. — **4** Vgl. Rachel Carley / Andrea Brizzi, *Kuba. Architektur aus vier Jahrhunderten*, Berlin 1998. — **5** Vgl. Eduardo Luis Rodríguez, *The Havana Guide. Modern Architecture 1925–1965*, New York 2000. — **6** Vgl. Daphne Rebecca Frank / Irén Blanco-Inceosman, „Die Wohnraumproblematik in Kuba ist nicht gelöst", in: *Kuba – 50 Jahre zwischen Revolution, Reform – und Stillstand?*, Berlin 2011, S. 319–329. — **7** Vgl. Martha Oneida Pérez Cortés / Maidolys Iglesias Pérez, *Patrimonio y ciudadanía. Experiencias de participación en La Habana Vieja*, Havanna 2014.

Habana, OHCH)[8] zurück, einer wichtigen staatlichen Kulturinstitution in Kuba, zu der auch die Firma Restaura gehört. Der Frauenanteil in diesem für die Altstadt zuständigen Architekturbüro ist außergewöhnlich hoch – Grund genug, die Leistung der kubanischen Planerinnen in einer Publikation zu würdigen.

Frauen erneuern Havanna leistet einen Beitrag zur Gleichstellung, einem Thema der Zukunft. Noch sind die meisten Architekturbüros in westlich geprägten Ländern sowie universitäre Professuren in der Architektur mehrheitlich in Männerhand, wie aus einer Studie der Architectural Association School of Architecture (AA) in London hervorgeht.[9] Immerhin sind Architektinnen in der Öffentlichkeit zunehmend präsenter, in Fachzeitschriften, auf Internetplattformen und an Hochschulen westlich und anglophon geprägter Länder[10]; und alleine im deutschsprachigen Raum gibt es eine ganze Reihe von Netzwerken für Architektinnen. Bedauerlich ist allerdings, dass in ehemals sozialistischen Ländern wie der DDR oder Polen, in denen die Gleichstellung ähnlich wie in Kuba gefördert wurde, seit der Wende die Zahl der Architektinnen in verantwortungsvollen Positionen wieder stark zurückgegangen ist (siehe Kapitel „Havanna – Frauen und Architektur" S. 91). Umso wichtiger ist das positive Beispiel der Kubanerinnen.

Schließlich ist dieses Buch auch der Rolle der Schweiz in Kuba gewidmet. Seit der Kubakrise Anfang der 1960er-Jahre verfügt sie über enge Verbindungen zum karibischen Inselstaat: Als Vermittlerin zwischen Kuba und den USA hatte sie bis zur Wiederaufnahme der diplomatischen Beziehungen die Schutzmachtmandate für beide Staaten inne. Diese endeten am 20. Juli 2015. Die Schweiz engagiert sich in Kuba jedoch nach wie vor, beispielsweise mit Programmen zur Restaurierung

Abb. 1 Escuelas Nacionales de Arte, Cubanacán, Havanna, 1961–1965

historischer Gebäude oder zur Förderung der Geschlechtergleichstellung. Dass die Direktion für Entwicklung und Zusammenarbeit (DEZA) großes Interesse daran zeigt, den Erfahrungsaustausch zwischen kubanischen und Schweizer Architektinnen zu fördern, unterstreicht die Bedeutung des Themas „Frauen in der Architektur in Kuba".[11]

Bisher existieren dazu jedoch nur einige kubanische Schriften, dies ist die erste Buchpublikation.[12] Sie soll vor allem dazu beitragen, Frauen in der Architektur zu mehr Führungspositionen zu ermutigen und das Vertrauen der Öffentlichkeit in ihre Leistungen zu stärken. Den kubanischen Architektinnen und Ingenieurinnen möge sie als Dokumentation und Würdigung ihrer Leistung sowie als Ansporn dienen, ihren Weg zur Gleichstellung weiterzugehen.

Christine Heidrich
SOLOTHURN, DEZEMBER 2019

— **8** Wird auch abgekürzt als „Oficina" oder „Oficina del Historiador". — **9** Die Studie knüpft an die Ausgabe *Women in Architecture* der Zeitschrift *Architectural Design* von August 1975 an, zu der die damalige Redakteurin Monica Pidgeon von „jungen Emanzen" der AA angeregt wurde; SIA online, AD: *Frauen in der Architektur 1975–2015*, 30.3.2016, URL: http://www.sia.ch/de/dienstleistungen/artikelbeitraege/detail/article/ad-frauen-in-der-architektur-1975-2015 (05.01.2020); http://conversations.aaschool.ac.uk/aa-xx-100-women-in-architecture-1975-2015 (05.01.2020). — **10** Vgl. Gastvortrag von Christine Heidrich an der Eidgenössischen Technischen Hochschule ETH Zürich, Seminar *Frauen bauen. Architektinnen in der Schweiz*, Institut für Geschichte und Theorie der Architektur gta, Herbstsemester 2018, URL: https://www.gta.arch.ethz.ch/seminarien/frauen-bauen-architektinnen-in-der-schweiz (05.01.2020). — **11** Vgl. DEZA, *Entwicklung und Zusammenarbeit in Kuba*, URL: https://www.eda.admin.ch/deza/de/home/laender/kuba.html (05.01.2020). — **12** Neben den Publikationen von Plan Maestro (Masterplan, entspricht etwa dem Amt für Stadtplanung) gibt es zur aktuellen Stadterneuerung von Havanna nicht sehr viele Veröffentlichungen. Die Literatur beschränkt sich vor allem auf Architekturführer und ältere spanischsprachige Werke zur Stadtgeschichte. Deshalb sind die Interviews in diesem Buch eine wichtige Informationsquelle, für aktuelle Entwicklungen in Kuba wurden Internetseiten herangezogen. — **13** Alejo Carpentier, „Havanna aus der Sicht eines Touristen", in: ders., *Mein Havanna*, Zürich 2000, S. 22.

Havanna: Seine Hafeneinfahrt wirkt wie das Werk eines raffinierten Bühnenbildners.

Alejo Carpentier[13]

Die Planerinnen

Zwölf kubanische
Architektinnen und
Ingenieurinnen
und ihre Bauwerke

„Kubaner sind Machos, aber hier bei uns nicht. Hier hören die Männer auf dich, sie folgen dir, vor allem, weil wir Frauen uns Ansehen erworben haben, weil wir wissen, wovon wir insgesamt sprechen."

Perla Rosales Aguirreurreta (*1964) schloss ihr Studium 1987 mit dem Master in Architekturwissenschaften an der Technischen Universität Frunze in Kirgisistan in der ehemaligen Sowjetunion ab. Nach zwei Jahren als Architektin in der Ausführungsplanung bei den Revolutionären Streitkräften (Fuerzas Armadas Revolucionarias, FAR) war sie 1989 bei der Militärfirma Ignacio Agramonte in Camagüey auf Baustellen tätig. 1995 wechselte sie zur Empresa de Restauración de Monumentos (Firma für die Restaurierung von Baudenkmälern in Havanna) und wurde zwei Jahre später deren Technische Leiterin. Zwischen 1998 und 2006 war sie Leiterin dieser Firma, bis sie zur Leiterin der Direktion für Bauvorhaben der OHCH ernannt wurde. Seit 2013 ist sie die stellvertretende Generaldirektorin dieser Institution. Perla Rosales ist unter anderem Ehrenmitglied der Cátedra Gonzales de Cárdenas de Arquitectura Vernácula (Lehrstuhl für vernakuläre Architektur Gonzales de Cárdenas)[1] sowie Delegierte der Provinzialversammlung von Havanna. Sie erhielt verschiedene Auszeichnungen im Namen der OHCH und wurde zum „Huésped distinguido de la Habana Vieja" (Hochverehrter Gast der Altstadt von Havanna) ernannt. Als OHCH-Vertreterin war sie bei Arbeitseinsätzen in El Salvador, Italien, Spanien und der Dominikanischen Republik sowie als Mitglied der Arbeitsgruppe zur Restaurierung der Altstadt von Kingston in Jamaika tätig. Darüber hinaus ist sie Expertin in einer Arbeitsgruppe zur Schaffung einer Institution, die das dokumentarische Erbe zum Denken und Wirken von Fidel Castro bewahren soll. Als ausführende Architektin hat sie am Castillo de San Salvador de La Punta gearbeitet und später in leitender Funktion viele bedeutende Bauprojekte betreut.

— 1 Der Lehrstuhl, dessen Name auf den berühmten Architekten Gonzalo de Cárdenas Rodriguez zurückgeht, wurde 2002 in Zusammenarbeit zwischen der OHCH und der Stiftung Diego de Sagredo, Madrid, gegründet und widmet sich dem Erhalt des Kulturerbes, insbesondere in Kuba. Er wird von der Cárdenas-Stiftung in Madrid sowie von der Firma Restaura und der Empfangsagentur San Cristobal unterstützt.

Perla Rosales Aguirreurreta

ARCHITEKTIN
—
OHCH
STELLVERTRETENDE GENERALDIREKTORIN

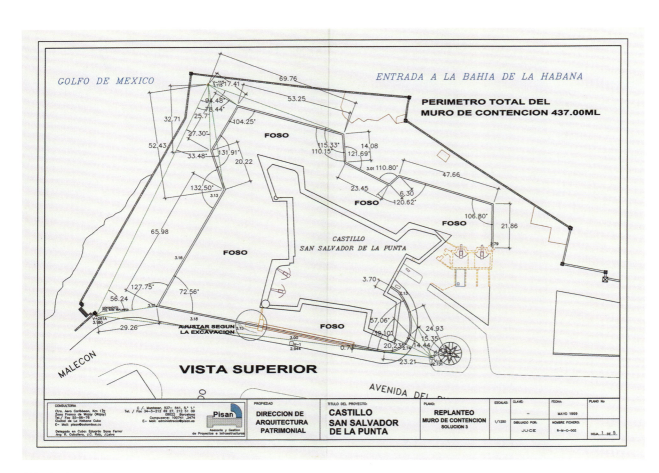

Abb. 2 Lageplan

Abb. 3 Handskizzen von Eusebio Leal Spengler

1

CASTILLO DE SAN SALVADOR DE LA PUNTA
Malecón, La Habana Vieja

Fertigstellung des Originalgebäudes
1590 (Ausbau 1602)

Ursprüngliche Nutzung
militärische Festungsanlage

Datum des Baueingriffs
1998 – 2002

Art der Baumaßnahmen
Restaurierung

Aktuelle Nutzung
Umgebungsmuseum

Verantwortungsbereich
Projektleiterin

Mitarbeitende Architekten und Bauingenieure
*Ing. Militar Bautista Antonello,
Maestro de Campo Juan de Texada*

Abb. 4 Castillo San Salvador de La Punta

Abb. 5 Castillo San Salvador de La Punta, im Hintergrund Hafeneinfahrt mit Castillo del Morro

„Es gab Zeiten, in denen mir gesagt wurde, dass ich sehr stark sei und den Charakter eines Mannes habe. Ich habe keinen männlichen Charakter, es ist mein Charakter, und ich bin eine Frau. Das habe ich immer verteidigt.“

Tatiana Fernández de los Santos (*1963) begann unmittelbar nach ihrem Master in Architekturwissenschaft an der Technischen Universität Frunze in Kirgisistan in der ehemaligen Sowjetunion 1987 bei der OHCH zu arbeiten. Eine Weiterbildung in Restauration führte sie 1994–1995 an die Fachhochschule für Architektur in Valladolid in Spanien. Ein Jahr später wurde sie Direktorin der neu gegründeten Abteilung für Architekturprojekte der OHCH, wo sie unter anderem für Hotel- und Immobilienprojekte zuständig war. Nachdem sie 2009 die stellvertretende technische Leitung der Firma Restaura übernommen hatte, wurde sie 2017 zu deren Direktorin und Technischen Leiterin ernannt. Sie ist Ehrenmitglied der Cátedra Gonzalo de Cárdenas,

Koordinatorin des Internationalen Denkmalpflegezentrums CICOP in La Laguna auf Teneriffa und Vorsitzende der Provinzdenkmalkommission in Havanna. Als Vertreterin der OHCH nahm sie an Projekten, Kongressen und Arbeitsgruppen in Venezuela, Kolumbien, Argentinien und Jamaica sowie in Spanien und Italien teil. 2017 erhielt sie nach 30 Dienstjahren den Ehrentitel „Hija ilustre de la Habana Vieja“ (Ruhmreiche Tochter der Altstadt von Havanna). Zu ihren Projekten zählen unterschiedliche Bauwerke, darunter öffentliche Gebäude und Wohnbauten. Eines ihrer besonderen Interessen neben der Architektur gilt den halbbogenförmigen Buntglasfenstern, die für Havanna typisch sind.

Tatiana Fernández de los Santos

ARCHITEKTIN
—
FIRMA RESTAURA, ARCHITEKTUR UND STADTPLANUNG
DIREKTORIN / TECHNISCHE LEITERIN

Abb.6 Casa Simón Bolívar, Ansicht Calle Mercaderes

Abb.8 Treppenhaus

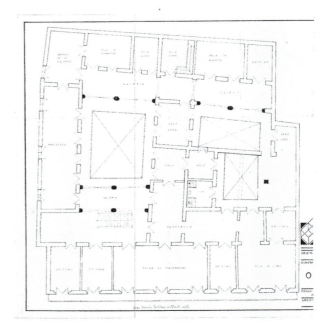

Abb.7 Grundriss Obergeschoss

2
CASA SIMÓN BOLÍVAR
Calle Mercaderes 156 entre
Obrapía y Lamparilla, La Habana Vieja

Fertigstellung des Originalgebäudes
19. Jahrhundert

Ursprüngliche Nutzung
*Einfamilienhaus, später umgebaut in ein
Mehrfamilienhaus*

Datum des Baueingriffs
1993

Art der Baumaßnahmen
Sanierung und Restaurierung

Aktuelle Nutzung
Museumsgebäude Simón Bolívar

Verantwortungsbereich
Projektleiterin und Leiterin Ausführungsplanung

Mitarbeitende Architekten und Bauingenieure
Ing. Maria Buajasán Gomez

Fachplaner
Ing. Alina Verónica

Abb. 9 Galerie Innenhof mit Halbbogenfenstern

Abb. 9 Innenhof

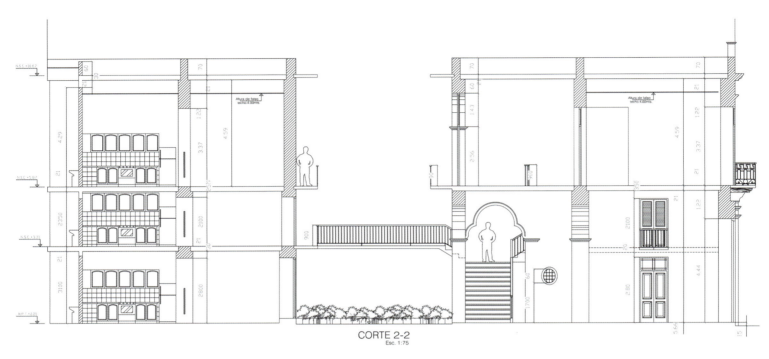

Abb. 11 Schnitt

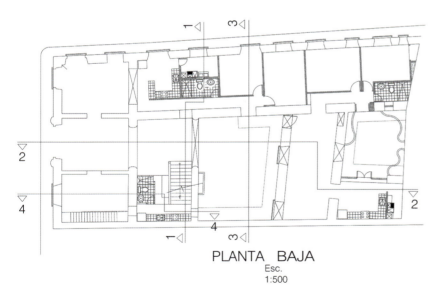

PLANTA BAJA
Esc.
1:500

Abb. 12 Grundriss Erdgeschoss

3

VIVIENDAS SAN IGNACIO 414
Calle San Ignacio 414 esquina Sol,
La Habana Vieja

Fertigstellung des Originalgebäudes
1783

Ursprüngliche Nutzung
*Einfamilienhaus, später umgebaut in
ein Mehrfamilienhaus*

Datum des Baueingriffs
2009

Art der Baumaßnahmen
Sanierung und Restaurierung

Aktuelle Nutzung
Sozialwohnungen

Verantwortungsbereich
Leiterin der Direktion für Projekte und Projektleiterin

Mitarbeitende Architekten und Bauingenieure
Ing. Aliet Meana

Fachplaner
Ing. Roberto Alfonso
Ing. Lariza Menne

Abb.13 Viviendas Calle San Ignacio

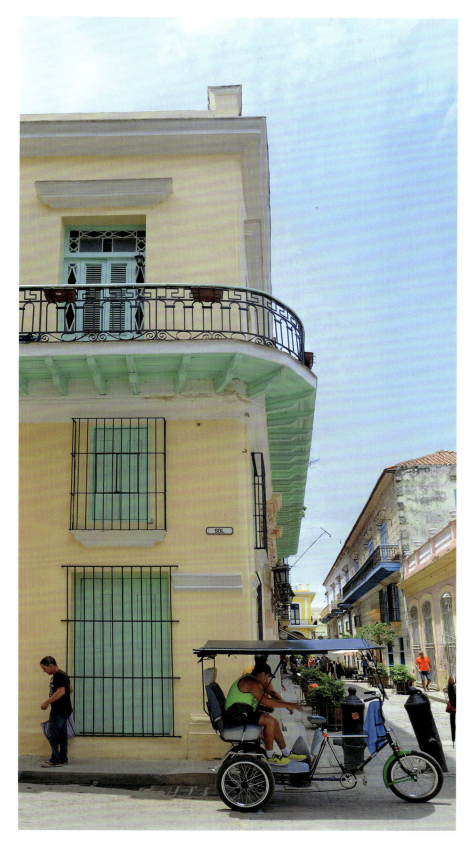

Abb.14 Eckansicht Calle Sol

Abb.15 Innenhof

„Ich wache morgens auf und möchte genau das machen, was ich tue, worin ich Fähigkeiten entwickeln kann, die ich vorher nicht für möglich gehalten habe: Menschen zusammenbringen, eine Strategie zur Lösung eines Problems entwickeln und wissen, wie man zu den notwendigen Schritten gelangt."

Johanna Aedo Gutiérrez (* 1973) ist seit ihrem Studienabschluss als Bauingenieurin an der Technischen Universität von Havanna (CUJAE) bei der OHCH tätig. Als Leiterin der Direktion für Projektsteuerung ist sie nicht planerisch tätig, sondern seit fast zehn Jahren für die Entwicklung und Überwachung von Bauprojekten in der Altstadt von Havanna verantwortlich. Ihre Aufgabe liegt vor allem in der Entwicklung von Strategien, um die Bauprozesse zu beschleunigen, zu koordinieren und deren Umsetzung sicherzustellen. Im Jahr 2018 gab es etwa 150 Baustellen in der Altstadt.

Johanna Aedo Gutiérrez

BAUINGENIEURIN
—
OHCH
LEITERIN DER DIREKTION FÜR PROJEKTSTEUERUNG

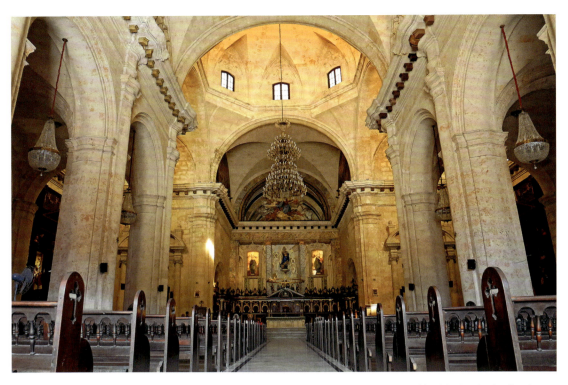

Abb. 16 Kathedrale innen

Abb. 17 Museum für koloniale Kunst, Plaza de la Catedral

4
PLAZA DE LA CATEDRAL
Calle Empedrado, San Ignacio, Mercaderes
und Callejón del Chorro, La Habana Vieja

Fertigstellung des Platzes
17. und 18. Jahrhundert, 1935

Fertigstellung angrenzender Gebäude
*Casa del Conde de Bayona (Wohngebäude 1720, heute
Museum für koloniale Kunst), Casa del Marqués
de Aguas Claras (Wohngebäude etwa 1748–1775,
heute Restaurant El Patio), Catedral de La Habana
(1748–1777) und andere*

Art der Baumaßnahmen
Restaurierung, Umnutzung

Aktuelle Nutzung
Sozialwohnungen

Verantwortungsbereich
Leiterin der Direktion für Projektsteuerung

Abb.18 Plaza de la Catedral, Kathedrale

Abb.19 Plaza de la Catedral, Museum für koloniale Kunst

„In der Endphase der Bauarbeiten ist es oft notwendig, auch einmal nachts, im Morgengrauen oder an Wochenenden zu arbeiten. Schließlich wird keine Anstrengung gescheut, um in letzter Minute noch etwas zu verbessern und das bestmögliche Ergebnis zu erreichen. Darin zeigt sich das Gefühl der Zugehörigkeit, das Engagement für das, was einem am Herzen liegt."

Norma Pérez-Trujillo Tenorio (* 1968) schloss ihr Architekturstudium 1990 am Instituto Superior José Antonio Echevarría (ISPJAE) in Havanna ab. Anschließend arbeitete sie vier Jahre lang als Especialista de Arquitectura (Spezialistin für Architektur) für die Firma Turhoteles und drei Jahre als Especialista Principal de Arquitectura (leitende Spezialistin für Architektur) in der Abteilung Bauvorhaben der Hotelkette Gran Caribe des Ministeriums für Tourismus. 1996 schloss sie ihr Studium mit dem Master in Restaurierung und Sanierung von Baudenkmälern ab und belegte Seminare zum Erhalt und zur Intervention in Bauprojekten sowie zu Bau- und Konstruktionstechniken in der Denkmalpflege an der Universtität Alcalá de Henares in Madrid. Es folgten verschiedene Weiterbildungen in Projektmanagement im Bauwesen, Restaurierung von Baudenkmälern, neuen Museumstechnologien und verwandten Bereichen in Griechenland, Spanien, Italien und Frankreich. Seit 1997 leitet Norma Pérez-Trujillo das Departement für Sanierung und Konservierung in der Denkmalpflege der Direktion für Projektsteuerung. Darüber hinaus ist sie in der Provinzdenkmalkommission tätig. Zu ihrem umfangreichen Werk zählen Gebäude wie Hotels, Kultureinrichtungen, Museen oder Wohnungsbauten.

Norma Pérez-Trujillo Tenorio

ARCHITEKTIN
—
DIREKTION FÜR PROJEKTSTEUERUNG, OHCH
LEITERIN DES DEPARTEMENTS FÜR SANIERUNG UND KONSERVIERUNG
IN DER DENKMALPFLEGE

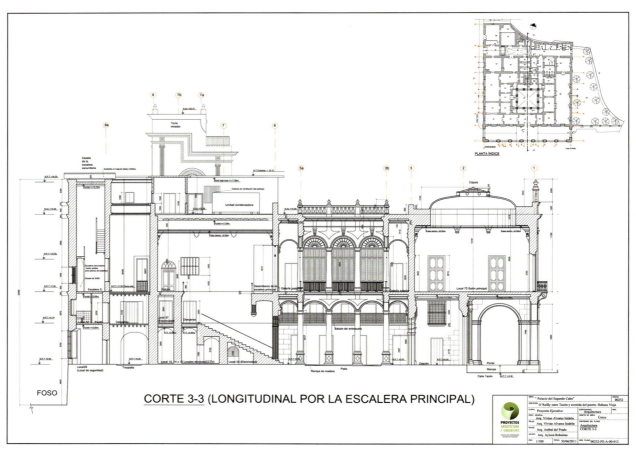

CORTE 3-3 (LONGITUDINAL POR LA ESCALERA PRINCIPAL)

Abb.20 Schnitt

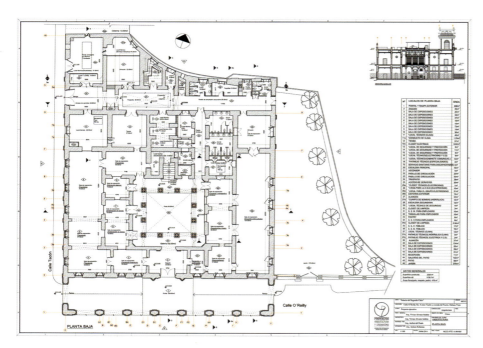

Abb.21 Grundriss Erdgeschoss

Abb.22 Palacio del Segundo Cabo,
Ansicht Calle O' Reilly

Abb. 23 Nordansicht Wassergraben

5
PALACIO DEL SEGUNDO CABO
Kulturelles Informations- und
Austauschzentrum Kuba-Europa
Calle O'Reilly 4, entre Tacón y
Plaza de Armas, La Habana Vieja

Fertigstellung des Originalgebäudes
etwa 1770 – 1791

Ursprüngliche Nutzung
Postgebäude

Datum des Baueingriffs
2012 – 2017

Art der Baumaßnahmen
Restaurierung

Aktuelle Nutzung
*Kulturelles Informations- und Austauschzentrum
Kuba-Europa*

Verantwortungsbereich
Leitende Projektsteuerin

Mitarbeitende Architekten und Bauingenieure
*Ing. Liliana Castrillón Ramos
Ing. Hilda González Cuza
Ing. María del Carmen Pérez Llanes*

Abb. 24 Innenhof

Abb. 24 Halbbogenfenster Innenhof

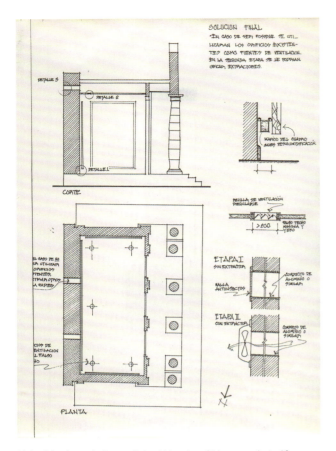

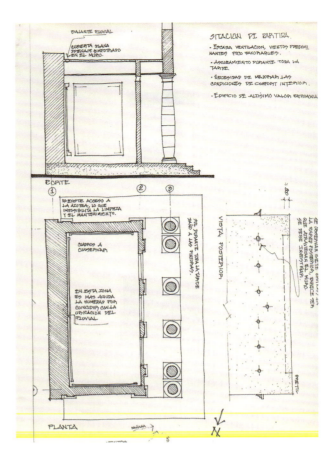

Abb. 26 Grundriss, Schnitt, Ausführungsdetail

Abb. 27 Grundriss, Schnitt Ausgangssituation

Abb. 28 El Templete, Ort der ersten Messe
und Stadtratssitzung von Havanna 1519

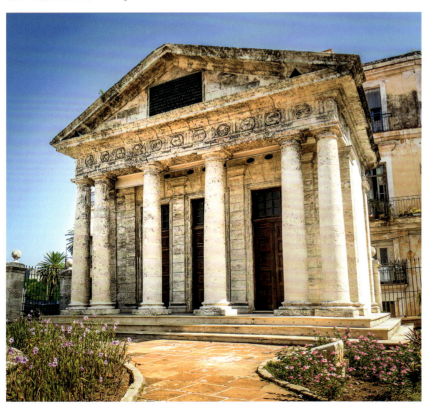

6
EL TEMPLETE
Plaza de Armas entre Tacón y Obispo, La Habana Vieja

Fertigstellung des Originalgebäudes
1828

Ursprüngliche Nutzung
Tempel auf der Gründungsparzelle der Stadt Havanna

Datum des Baueingriffs
2017

Art der Baumaßnahmen
Restaurierung

Aktuelle Nutzung
Museum

Verantwortungsbereich
Leitende Projektsteuerin

Mitarbeitende Architekten und Bauingenieure
*Ing. Liliana Castrillón Ramos
Arq. Gabriela García Portuondo
Arq. Lynne Zayas Rubio
Ing. Rebeca Berovides Fernández*

Abb. 29 El Templete nach der Restaurierung

„Meiner Meinung nach haben Männer [in der Architektur] genauso viel Feingefühl wie Frauen."

Lohania Cruz Gonzáles (*1972) schloss 1996 ihr Studium der Architektur am Instituto Superior Politécnico José Antonio Echeverría (ISPJAE) ab und arbeitete danach 13 Jahre lang als Especialista en obras de Arquitectura (Spezialistin für architektonische Bauprojekte) sowie als Chefarchitektin und Projektleiterin bei der Direktion für Bauprojekte der OHCH. Sie war außerdem Wirtschaftssachverständige der spanischen Firma Molina Grup Elaboraciones S.A. 2009 wechselte sie in die Abteilung für Innenarchitektur und Design der Generaldirektion für Bauprojekte der OHCH und leitete diese fünf Jahre lang. In dieser Zeit schloss sie ihr Diplom in Integriertem Projektmanagement ab. Zwischen 2014 und 2017 war sie dann Leiterin der Abteilung für Innenarchitektur und Design der Firma Restaura und schloss 2017 ein weiteres Diplom ab, in Management und Betriebswirtschaft.

Seitdem ist Lohania Cruz stellvertretende Technische Leiterin von Restaura. Sie absolvierte diverse Weiterbildungen wie „Bauen im historischen Kontext" in Madrid oder Seminare zur Sanierung von Baudenkmälern in Havanna unter der Schirmherrschaft des Internationalen Zentrums für Denkmalpflege, CICOP. Nebenbei betreut sie Architektur- und Industriedesignstudenten im Praktikum und bei Diplomarbeiten und ist Mitglied der Internen Prüfungskommission für Bauprojekte in der Altstadt. Sie hat an einer Vielzahl von Projekten gearbeitet, darunter Hotels, Geschäfte oder Museen.

Lohania Cruz Gonzáles

ARCHITEKTIN
—
FIRMA RESTAURA, ARCHITEKTUR UND STADTPLANUNG
VIZEDIREKTORIN / STELLVERTRETENDE TECHNISCHE LEITERIN

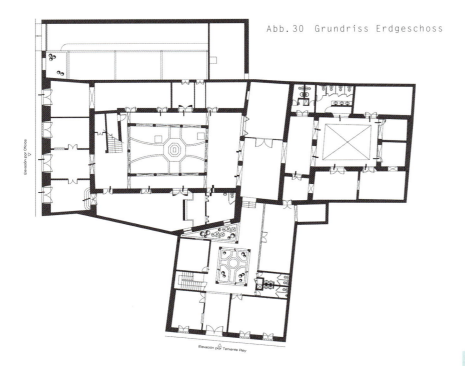

Abb.30 Grundriss Erdgeschoss

Abb.31 Kloster Convento Santa Brigida, Ansicht
Calle Teniente Rey

7
CONVENTO SANTA BRÍGIDA
**Calle Oficios 204 entre Teniente Rey y
Muralla, La Habana Vieja**

Fertigstellung des Originalgebäudes
17. Jahrhundert

Ursprüngliche Nutzung
Wohngebäude (Einfamilienhaus)

Datum des Baueingriffs
2001–2003. Erweiterung 2005–2006

*Art der Baumaßnahmen
Sanierung*

Aktuelle Nutzung
*Klosterkomplex des Ordens Santísimo Salvador y
Santa Brígida und Hotel*

Verantwortungsbereich
Projektleiterin und leitende Architektin

Mitarbeitende Architekten und Bauingenieure
*Ing. Mercedes Navarro Vaqueiro
DI Hector Jauregui Hernández*

Fachplaner
*Ing. Diana Rosa González Valdés
Ing. Laritza Menne Castillo
Ing. Maira Rodríguez González
Ing. Alexander Vega
Ing. Aldo Pla
Tec. Gonzalo González Estévez*

Abb.32 Innenhof

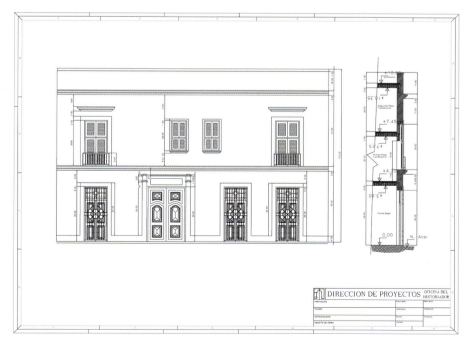

Abb.33 Ansicht Calle Teniente Rey

Abb.34 Tanzakademie Lizt Alfonso, Ansicht Calle Compostela

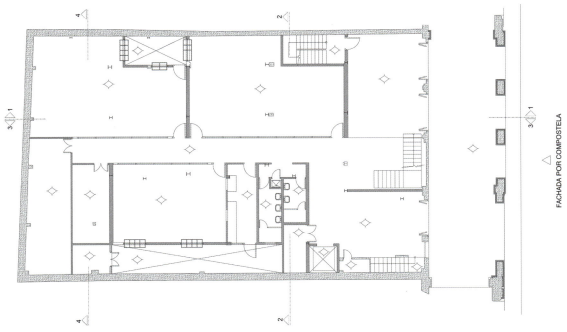

FACHADA POR COMPOSTELA

Abb.35 Grundriss Erdgeschoss

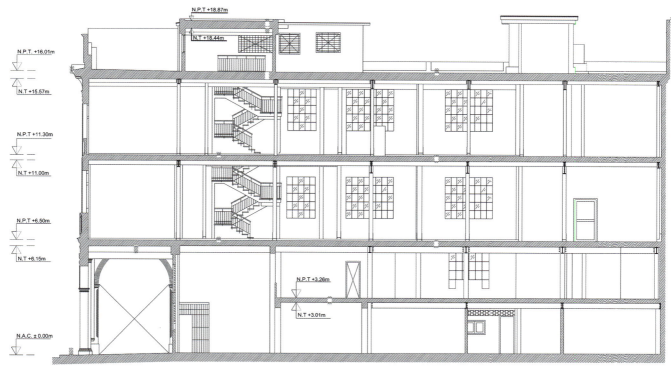

N.P.T. +18.87m

N.T +18.44m

N.P.T. +16.01m

N.T +15.57m

N.P.T +11.30m

N.T +11.00m

N.P.T +6.50m

N.T +6.15m

N.P.T +3.26m

N.T +3.01m

N.A.C. ± 0.00m

CORTE 3-3

Abb.36 Schnitt

Abb.37 Tanzsaal

8
ACADEMÍA DE BALLET LIZT ALFONSO
Calle Compostela 659 entre Luz y Acosta, La Habana Vieja

Fertigstellung des Originalgebäudes
1927

Ursprüngliche Nutzung
Druckerei Seoane y Fernández

Datum des Baueingriffs
2002–2004

Art der Baumaßnahmen
Sanierung

Aktuelle Nutzung
Tanzakademie für Ballett Lizt Alfonso

Verantwortungsbereich
Projektleiterin und leitende Architektin

Mitarbeitende Architekten und Bauingenieure
Arq. Iren Blanco López, Ing. Roberto Paredes Ruano, Ing. Marlys Molina Armas

Fachplaner
Ing. Enrique Moreno Beitria, Ing. Diana Rosa González Valdés, Ing. Laritza Menne Castilio, Ing. Maira Rodríguez González, Ing. Niurka Fernández Muñoz, Tec. Gonzalo González Estévez

„In der Restaurierung muss man bescheiden sein und sich dem Werk unterordnen, das bis in unsere Zeit überdauert hat. [...] Es ist sehr schwierig, das Ego und seinen Trieb, dem Werk eines [anderen] Architekten etwas Eigenes aufdrücken zu wollen, zu überwinden."

Sofía Caridad Martínez Guerra (*1964) erhielt 1987 ihren Abschluss in Architektur an der Universidad de Camagüey in Kuba und begann im selben Jahr als Projektleiterin bei der Restaurierung des alten Krankenhauses La Esperanza zu arbeiten. 1988 wechselte sie in die technische Abteilung für Restaurierung und Sanierung der Firma für Denkmalrestaurierung der OHCH, wo sie zehn Jahre blieb. 1998–2006 war sie stellvertretende Technische Leiterin dieser Firma und für die Projektüberwachung, Baumaßnahmenplanung im Denkmalschutzbereich, Qualitätskontrolle, Kostenkontrolle und Bauüberwachung zuständig. Seit 2007 arbeitet sie in der Direktion für Projektsteuerung der OHCH, wo sie für die Lösung von Problemen im Bauprozess, die

Steuerung und Überprüfung von Bauprojekten sowie Investitionsgenehmigungen zuständig ist. Zu ihren Aufgaben gehört auch die Untersuchung neuer Restaurierungstechniken und -materialien. Daneben ist sie in der Provinzdenkmalkommission tätig. Sofía Caridad Martínez verfügt über umfangreiche Fachkenntnisse zum kubanischen Barock, zur Untersuchung von Stahlbetonbauten oder zur Wiederherstellung von Wandmalereien. Neben verschiedenen Weiterbildungen absolvierte sie an der Universidad de La Laguna auf Teneriffa ein Masterstudium in Restaurierung von Baudenkmälern. Zu ihren zahlreichen Bauwerken zählen unter anderem Museen, Ausstellungsräume und ein Zentrum für bildende Kunst.

Sofía Caridad Martínez Guerra

ARCHITEKTIN

—

DIREKTION FÜR PROJEKTSTEUERUNG, OHCH-BERATERIN FÜR
RESTAURIERUNGEN UND DEN EINSATZ NEUER TECHNOLOGIEN,
PROJEKTÜBERWACHUNG, TECHNISCHE BERATUNGEN

Abb.38 Atelier Galeria Nelson Dominguez

Abb.39 Grundriss Erdgeschoss

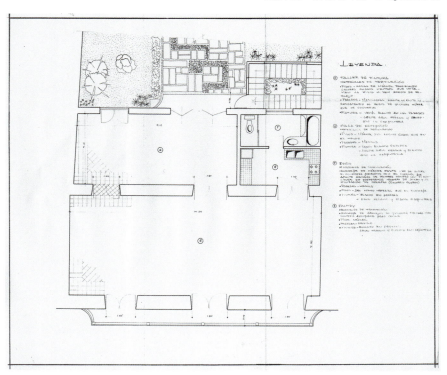

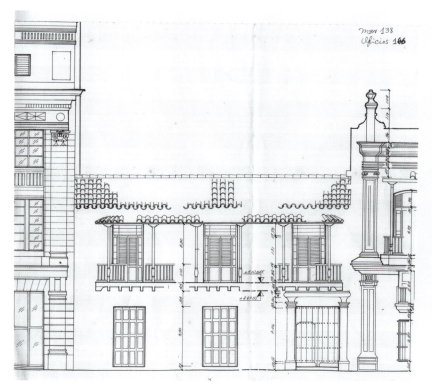

Abb. 40 Ansicht Calle Oficios

9
GALERÍA LOS OFICIOS / ATELIER DES MALERS NELSON DOMÍNGUEZ
Calle Oficios 166 entre Amargura y Teniente Rey, La Habana Vieja

Fertigstellung des Originalgebäudes
17. Jahrhundert

Ursprüngliche Nutzung
Wohngebäude (Mehrfamilienhaus)

Datum des Baueingriffs
1995

Art der Baumaßnahmen
Restaurierung

Aktuelle Nutzung
*Atelier des Malers Nelson Dominguez
und Kunstgalerie*

Verantwortungsbereich
Projektleiterin und Bauleiterin der Galerie

Abb. 41 Blick in die Calle Oficios

10
BASILICA DE SAN FRANSISCO DE ASIS
Calle Oficios entre Amargura y Churruca, La Habana Vieja

Fertigstellung des Originalgebäudes
1738

Ursprüngliche Nutzung
Kloster und Kirche

Datum des Baueingriffs
1995

Art der Baumaßnahmen
Restaurierung und Umgestaltung

Aktuelle Nutzung
Konzertsaal, Museum, Galerie für Ausstellungen

Verantwortungsbereich
Bauleiterin

Mitarbeitende Architekten und Ingenieure
Dr. Arq. Daniel Taboada Espiniella (Projektleiter),
Ing. Pedro Rodríguez

Abb. 42 Kloster Convento San Francisco de Asis, Kreuzgewölbe

Abb. 43 Turm Portal Calle Oficios

Abb. 44 Innenhof

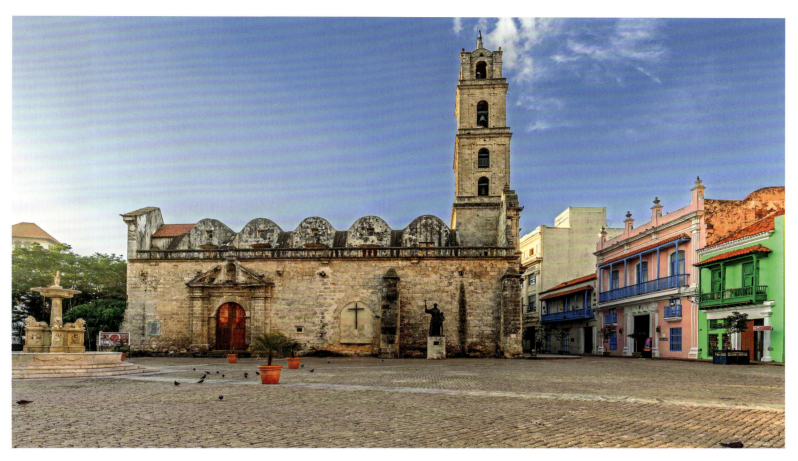

Abb.45 Ansicht Plaza San Francisco

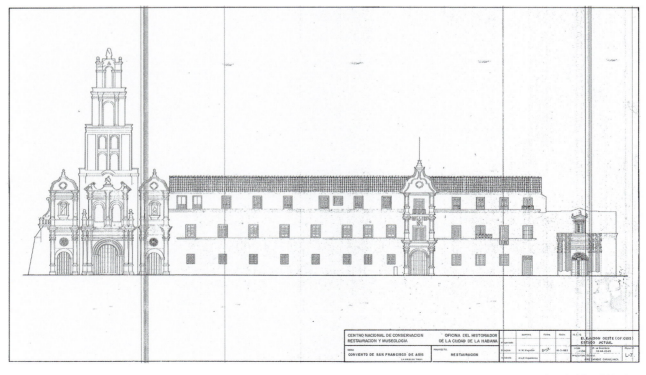

Abb.46 Westansicht Calle Oficios

„Ich habe mein Studium abends berufsbegleitend absolviert, sechs Jahre lang. Das war schwer damals, aber ich musste es tun, weil ich eine Zukunft brauchte, ich wollte nicht nur herumsitzen und zeichnen. Als ich ein kleines Mädchen war, habe ich schon dreidimensional gezeichnet und perspektivisch gesehen. [...] Mit anderen Worten, die Neigung hatte ich bereits, ich musste also nur den Weg gehen. Und so war es dann – ich liebe mein Fachgebiet. Ich möchte nichts anderes."

Dolores Valdés Xiqués (*1959) erhielt ihren Abschluss in Architektur 1993 am ISPJAE (Instituto Superior José Antonio Echevarría). Zwischen 1983 und 1998 war sie Auxiliar Proyectista (Mitarbeiterin Projektplanung der Projektplanung) in verschiedenen Institutionen des Kulturministeriums. Als Especialista B für Konservation und Restaurierung von Gebäuden war sie bis 2001 als Gemeindearchitektin bei der Provinzdirektion für Wohnungsbau im Stadtteil Cerro, Havanna tätig. 2002 wurde sie Especialista A für Umnutzung, Restaurierung und Sanierung von Gebäuden und Leiterin der Ausbildungsstätten bei der Direktion für Bauprojekte der OHCH (heute Firma Restaura). Außerhalb von Havanna war sie am Stadterneuerungsprojekt Petare in Cáracas in Venezuela beteiligt. 2002 nahm sie an der 1. Architekturbiennale in Havanna teil und leitete unter anderem den Workshop Hotel Palacio Marqués de San Felipe y Santiago de Bejucal am XXII. Lateinamerikanischen Architekturstudententreffen in Havanna im Jahr 2005. Sie hat unter anderem an Projekten im Museumsbau, Hotelbau sowie im sozialen Wohnungsbau gearbeitet.

Dolores Valdés Xiqués

ARCHITEKTIN
—
FIRMA RESTAURA, ARCHITEKTUR UND STADTPLANUNG
PROJEKTARCHITEKTIN

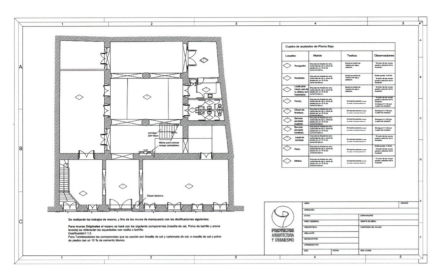

Abb. 47 Grundriss Erdgeschoss

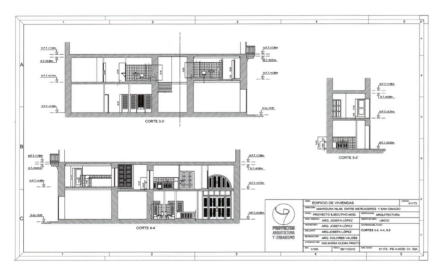

Abb. 48 Schnitt

Abb. 50 Ansicht Plaza San Francisco

Abb. 49 Hotel Palacio Marqués de San Felipe y Santiago de Bejucal

11
HOTEL PALACIO MARQUÉS DE SAN FELIPE Y SANTIAGO DE BEJUCAL
Calle Oficios 152 esquina Amargura, La Habana Vieja

Fertigstellung des Originalgebäudes
18. Jahrhundert

Ursprüngliche Nutzung
Einfamilienhaus, später diverse Umnutzungen

Datum des Baueingriffs
2008–2010

Art der Baumaßnahmen
Restaurierung

Aktuelle Nutzung
Hotel

Verantwortungsbereich
Projektleiterin

Mitarbeitende Architekten und Bauingenieure
Arq. Héctor Gómez, Ing. Roberto Paredes

Fachplaner
*Ing. Roberto Alfonso, Ing. José Báez,
Arq. Josefa López, Ing. Alina Verónica*

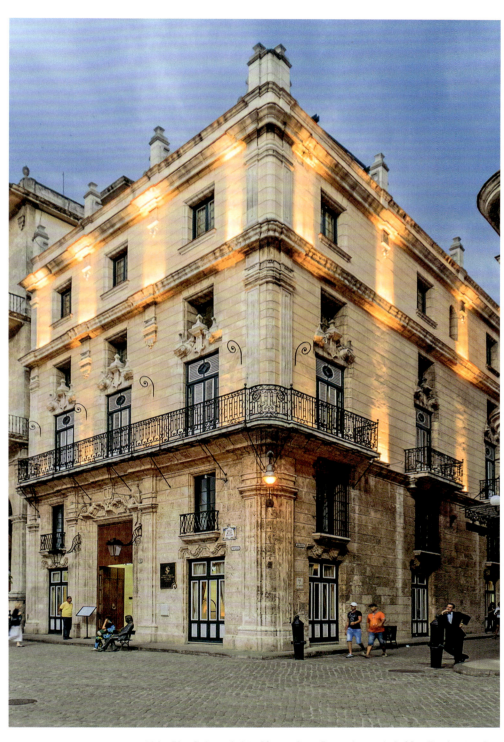

Abb.51 Eckansicht Plaza San Francisco / Calle Teniente Rey

Abb. 52 Vivienda y Galeria Amargura. Treppenaufgang Innenhof

Abb.53 Innenhof

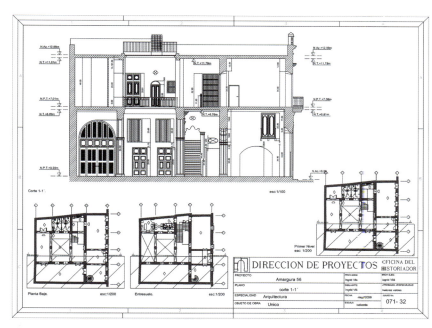

Abb.54 Schnitt

12
VIVIENDA Y GALERÍA
Calle Amargura 56 entre Mercaderes y San Ignacio, La Habana Vieja

Fertigstellung des Originalgebäudes
1755

Ursprüngliche Nutzung
Wohngebäude

Datum des Baueingriffs
2010 – 2018

Art der Baumaßnahmen
Restaurierung

Aktuelle Nutzung
Mehrfamilienhaus mit Sozialnutzung

Verantwortungsbereich
Projektleiterin

Mitarbeitende Architekten und Bauingenieure
Ing. Marlys Molina

Fachplaner
*Ing. Gilberto Ribalta, Ing. Lariza Menne,
Ing. Enrique Moreno, Ing. Diana Rosa Gonzalez*

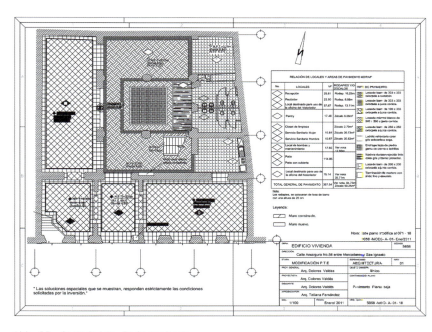

Abb.55 Grundriss Erdgeschoss

„Ich wurde schließlich zur Generalplanerin ernannt. Das gefällt mir, denn man arbeitet mit allen Fachgebieten zusammen, lernt von diesen und kann gleichzeitig mehr in architektonische Themen einsteigen, die mich sehr interessieren.“

Marisol Marrero Oliva (* 1973) erhielt 1996 ihren Abschluss in Bauingenieurwesen am ISPJAE (Instituto Superior José Antonio Echevarría). In Jahr 2000 schloss sie in Havanna ihr Masterstudium in Sanierung von Baudenkmälern unter der Schirmherrschaft des Internationalen Zentrums für Denkmalpflege CICOP ab und 2008 den Master in Konservation und Bewirtschaftung von Gebäuden an der ISPJAE, Havanna. Sie ist Mitglied der Provinzdenkmalkommission von Havanna sowie der Cátedra Gonzalo de Cárdenas. Sie hat die Konstruktionen historischer und zeitgenössischer Bauwerke in der Altstadt (Theater, Hochschulen und technische Zweckbauten) geplant und die statischen Berechnungen erstellt. Als Projektleiterin betreut sie das wichtigste Bauprojekt in Havanna, das Capitolio Nacional (Kapitol). Marisol Marrero verfasst außerdem Beiträge in Fachzeitschriften und Büchern zum Thema Erhaltung und Sanierung historischer Bausubstanz in der Altstadt und zu den historisch bedeutenden Kinobauten in Havanna. Sie hält Vorträge an nationalen und internationalen Veranstaltungen zu Architektur und Städtebau.

Marisol Marrero Oliva

BAUINGENIEURIN
—
FIRMA RESTAURA, ARCHITEKTUR UND STADTPLANUNG
ESPECIALISTA SUPERIOR FÜR ARCHITEKTUR- UND INGENIEURPROJEKTE

Abb. 56 Wandelhalle

Abb. 57 Sitzungssaal

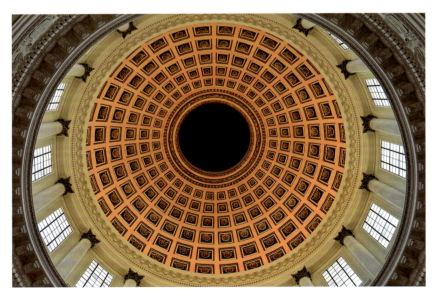

Abb. 58 Kuppel

13
CAPITOLIO NACIONAL
**Paseo del Prado entre San José y Dragones,
La Habana Vieja**

Fertigstellung des Originalgebäudes
1929

Ursprüngliche Nutzung
Sitz der kubanischen Regierung

Datum des Baueingriffs
2011–2019

Art der Baumaßnahmen
Restaurierung

Aktuelle Nutzung
Sitz der Nationalversammlung der Volksmacht

Verantwortungsbereich
Projektleiterin und Tragwerksplanerin

Mitarbeitende Architekten und Bauingenieure
*Projektleitung: Ing. Marisol Marrero Oliva (2014–2019)
Arq. Isabel Marilyn Mederos Pérez (2012–2014)
Arq. Adriana Pestano (2011–2012)
Arq. Alejandro Ventura (2010–2011)*

Leitende Architekten
*Arq. Raúl Gortázar Fernández (2017–2019)
Arq. Isabel Marilyn Mederos Pérez (2014–2016)*

Architektur (Ausführungsplanung)
*Arq. Daniel Taboada Espiniella, Arq. Enna Vergara
Cardoso, Arq. Carolina Ramos Hernández, Arq. Daniel
García Vila, Arq. Orlando Inclán, Arq. Claudia Castillo,
Arq. Hansel Fernández Salem, Arq. Sergio Valdés,
Arq. Lynne Zayas, Arq. Rachel Álamo, Arq. Suleidys
Albejales*

Tragwerksplanung
Ing. Marisol Marrero Oliva

Innenarchitektur und Design
*Lohania Cruz, Janet Shiling, Deisy Díaz, Dailyn Martínez,
Javier Cuadra, Aniabell Valdéz, Daniel Brugal, Celia
Domínguez, Saidy Boza, Arantxa Sánchez, Ana Julia
León Macías, Sandy León Carmenate, Aimeé Vila
Vergara, Luis de Llano, David Berdellans, Ariel Mederos,
Leandro Lujan, Carlos Herrera, Alejandro González,
Gema Izquierdo, Gabriel Villa, José A. Zerquis*

Abb.59 Capitolio Nacional

Abb.60 Nordansicht

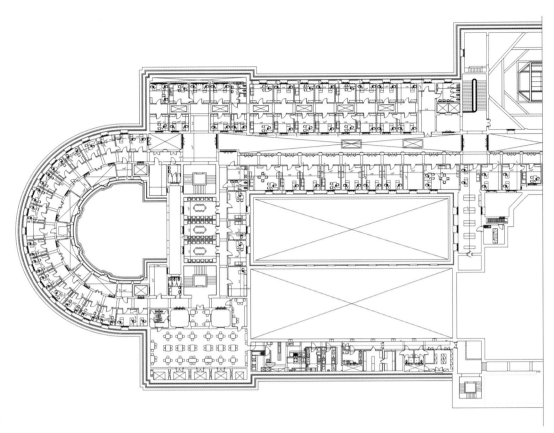

Abb.61 Grundriss Südabschnitt

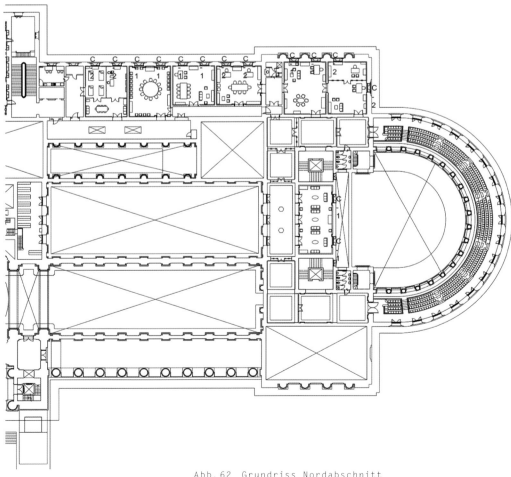

Abb.62 Grundriss Nordabschnitt

Abb. 63 Haupterschließung Treppenhaus Capitolio Nacional

Abb. 64 Colegio Universitario San Gerónimo, Glockenturm mit Glaskubus

**14
COLEGIO UNIVERSITARIO
SAN GERÓNIMO
Calle Obispo entre Mercaderes y San Ignacio,
La Habana Vieja**

Fertigstellung des Originalgebäudes
18. Jahrhundert (erster Bauabschnitt 1578)

Ursprüngliche Nutzung
Kloster

Nutzung nach dem letzten Umbau (20. Jahrhundert)
Bürogebäude und Hubschrauberlandeplatz

Datum des Baueingriffs
2002 – 2011

Art der Baumaßnahmen
Sanierung

Aktuelle Nutzung
Universitätskolleg San Gernónimo

Verantwortungsbereich
Tragwerksplanerin

Mitarbeitende Architekten und Bauingenieure
Projektleitung: José Linares Ferrera
Leitende Architektin: Arq. Ihosvany de Oca

Abb. 65 Colegio Universitario San Gerónimo, nach der Restaurierung

Abb. 66 Tragkonstruktion Glockenturm

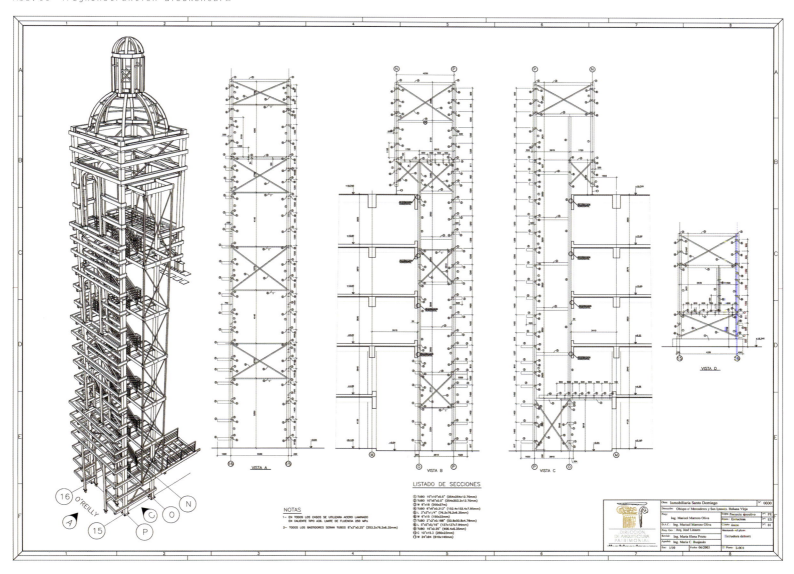

„Ich arbeite sehr gerne auf der Baustelle, weil das etwas anderes ist, als in der Planung zu arbeiten. Das ist wohl einer der Gründe, warum ich so viele Bauwerke abgeschlossen habe, denke ich. [...] Man lernt viel auf der Baustelle. Architekten konzentrieren sich auf das Schöne, auf den Raum, auf das Aussehen, aber manchmal wissen sie nicht, wie es gebaut werden soll."

Vivian M. Álvarez Isidrón (*1962) studierte nach ihrer Ausbildung zur Technikerin in Wirtschaftsstatik, Illustration und Industriedesign Architektur an der CUJAE und schloss mit dem Master in Restaurierung und Denkmalpflege ab. Sie absolvierte Weiterbildungen in Erdphotogrammetrie, in präventiver Konservation und in Verwaltung historischer Altstädte und erhielt das höhere Fachdiplom des kubanischen Architekten- und Ingenieurvereins UNAICC. In zahlreichen Seminaren beschäftigte sie sich mit Themen wie der technischen Bauausführung (Kurs für Baufachleute in Florenz), mit spanischen Verteidigungsanlagen in der Karibik, Architektur und Archäologie im Stadtraum und neuen Technologien in der Museologie. Vivian Álvarez befasst sich besonders mit Computerprogrammen und engagiert sich in der Betreuung von Architektur- und Bauingenieurstudenten. Einer ihrer Schwerpunkte ist die Auseinandersetzung mit der Bautechnik militärischer Einrichtungen aus der Kolonialzeit in Kuba. Zu ihren Bauwerken in Havanna gehören neben Museumsbauten auch repräsentative öffentliche Bauwerke und historische Verteidigungsanlagen.

Vivian M. Álvarez Isidrón

ARCHITEKTIN
—
FIRMA RESTAURA, ARCHITEKTUR UND STADTPLANUNG
QUALITÄTSKONTROLLE PROJEKTE
SACHVERSTÄNDIGE FÜR DENKMALPFLEGE UND RESTAURIERUNG,
ABTEILUNG TECHNISCHE AUSFÜHRUNG

Abb. 67 Casa Arrango y Pareño, Wandgemälde im Innenhof

Abb. 68 Wohnraum Obergeschoss

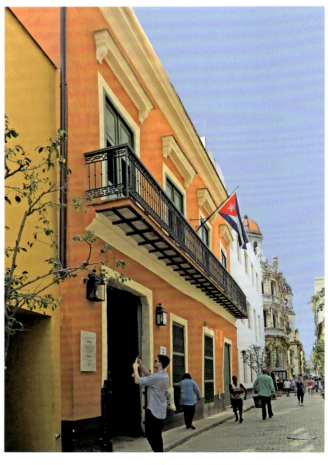

Abb. 69 Ansicht Calle Amargura

Abb.70 Innenhof

Abb.71 Schnitt

15
CASA ARANGO Y PAREÑO
Calle Amargura 65 entre San Ignacio y Mercaderes, La Habana Vieja

Fertigstellung des Originalgebäudes
1731

Ursprüngliche Nutzung
Wohngebäude

Datum des Baueingriffs
2000–2015

Art der Baumaßnahmen
Restaurierung

Aktuelle Nutzung
Büro des leitenden Stadthistorikers der OHCH

Verantwortungsbereich
Projektleiterin

Mitarbeitende Architekten und Bauingenieure
*Arq. Niurka Varona, Arq. Dagnis Cañizares,
Ing. Jorge Madrigal*

Fachplaner
*Ing. Orestes Hernández, Leticia Piña, José Martínez
Hernández, Ing. Esperanza Martínez, Ing. Eduardo Ruíz,
Ing. Yuliet Molina, Ing. Marilyn Cabrera*

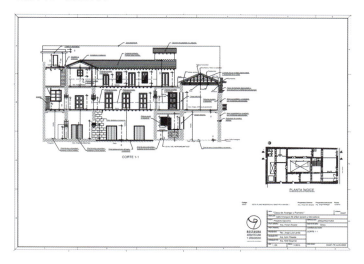

Abb.72 Grundriss Erdgeschoss

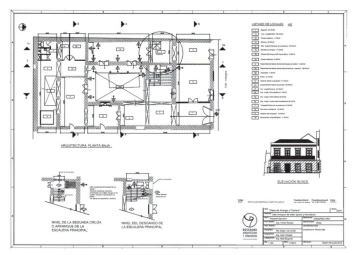

61

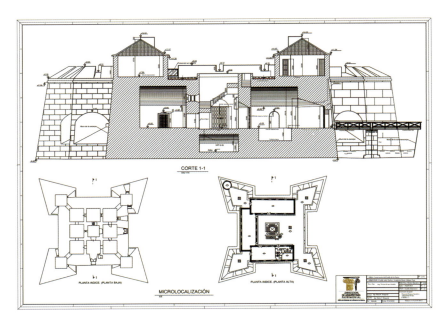

Abb. 73 Schnitt und Grundriss

Abb. 74 Castillo de la Real Fuerzat mit Palacio del Segundo Cabo

16
CASTILLO DE LA REAL FUERZA
Calle O'Reilly y Avenida del Puerto,
La Habana Vieja

Fertigstellung des Originalgebäudes
1558 – 1577

Ursprüngliche Nutzung
Militärische Festungsanlage

Datum des Baueingriffs
2003 – 2008

Art der Baumaßnahmen
Restaurierung und Konservation

Aktuelle Nutzung
Museum Castillo de la Real Fuerza

Verantwortungsbereich
Projektleiterin

Mitarbeitende Architekten und Bauingenieure
Arq. Arianna Martínez, Ing. Jorge Madrigal,
Ing. Marisol Marrero

Fachplaner
Ing. Guillermo Ruiz, Ing. Enrique Moreno
Ing. Marilyn Cabrera

Abb.75 Festungstor Haupteingang

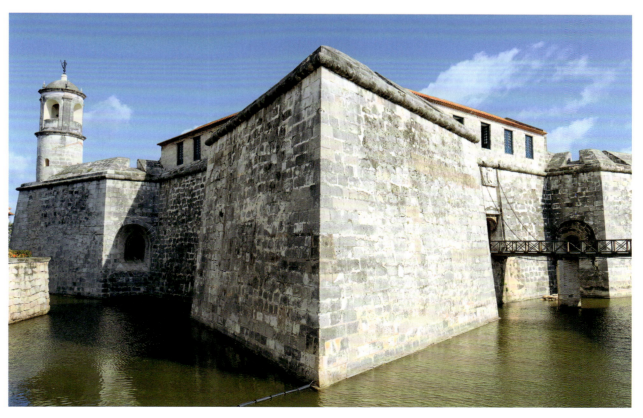

Abb.76 Blick vom Wassergraben

„Wo auch immer wir [kubanische Architekten] arbeiten, wir erzielen die gleichen Ergebnisse wie unsere Berufskollegen und -kolleginnen in anderen Ländern. Vielleicht liegt der Unterschied darin, dass wir eher teamorientiert sind, weil wir wissen, dass wir im Team besser arbeiten können."

Irén Blanco-Inceosman (* 1978) studierte am ISPJAE, an dem sie 2001 ihren Abschluss in Architektur erhielt. Zwischen 2002 und 2006 arbeitete sie als Projektarchitektin für die Wiederherstellung, Sanierung und Bestandsaufnahme historischer Gebäude bei der OHCH. Sie war im Entwurf und in der Ausführungsplanung sowie als Projektleiterin tätig. In einem nebenberuflichen Weiterbildungsstudium spezialisierte sie sich auf die Sanierung und Verwaltung historisch wertvoller Gebäude und erlangte 2005 ein weiteres Diplom in Erhaltung historischer Stadtzentren, lokaler Wirtschaft und Genderfokus. Nebenbei war sie unter anderem in der Organisation der zweiten Architekturbiennale in Havanna tätig.

Anschließend wechselte Irén Blanco-Inceosman an die Technische Universität Darmstadt, wo sie 2007–2010 studierte. Sie schloss ihr Studium als M. Sc. Dipl. Architektur in Stadtentwicklung und internationaler Zusammenarbeit mit einer Thesis zum Weltkulturerbe in Harar, Äthiopien ab. Sie war in verschiedenen deutschen und spanischen Architekturbüros beschäftigt, wo sie an Forschungen sowie in der Stadtentwicklung, im Hochbau und an Niedrigenergiehäusern arbeitete. Zurzeit lebt sie in den Niederlanden und bearbeitet ein Wohnhausprojekt auf Teneriffa, Spanien. Darüber hinaus ist sie als Autorin tätig, unter anderem zur Wohnraumproblematik und Architektur in Kuba.

Irén Blanco-Inceosman

ARCHITEKTIN
—
INHABERIN DER FIRMA IB CONSULTING, ARCHITEKTURPROJEKTE,
STADTENTWICKLUNG UND AKADEMISCHE FORSCHUNG,
EHEMALIGE MITARBEITERIN DER DIRECCIÓN DE PROYECTOS,
HEUTE FIRMA RESTAURA

Abb.77 Café El Escorial, Ansicht Plaza Vieja

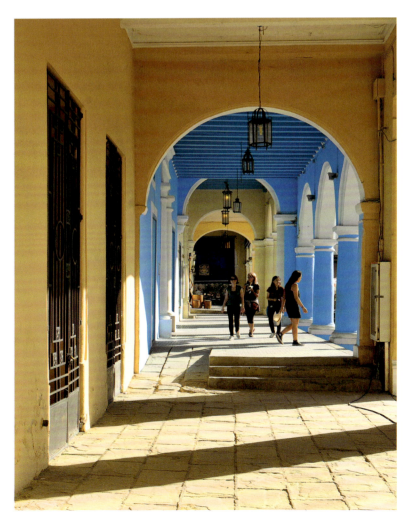

Abb.79 Innenansicht

Abb.78 Kollonaden, Blick zum Café El Escorial

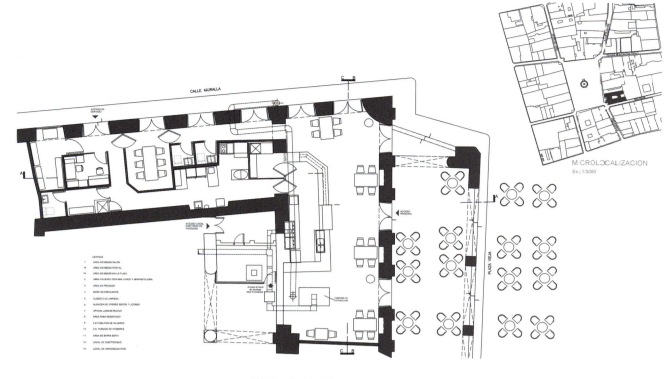

PLANTA DE MOBILIARIO
Esc:1/100

Abb.80 Grundriss

SECCION A-A
Esc:1/75

Abb.81 Schnitt

17
CAFÉ EL ESCORIAL
Calle Mercaderes No. 317 / Plaza Vieja, La Habana Vieja

Fertigstellung des Originalgebäudes
um 1720

Ursprüngliche Nutzung
Residenz Marquis Franchi Alfaro y Ponte

Datum des Baueingriffs
1987 und 2005

Art der Baumaßnahmen
Restaurierung

Aktuelle Nutzung
Gastronomie und Kaffeerösterei

Verantwortungsbereich
Projektleiterin (2005)

Mitarbeitende Architekten und Bauingenieure
Ing. Alina Verónica

Innenarchitektur
Guillermo Menéndez

Fachplaner
Ing. Alina Mena, Ing. Enrique Moreno, Ing. Laritza Menné

67

„In Kuba werden Frauen per Gesetz
im Alter von 60 Jahren pensioniert, aber ich ging
erst mit 65 in den Ruhestand, weil ich mich sehr für
meinen Beruf interessiere. Ich liebe meinen Beruf."

Zoila Cuadras Sola (*1947) schloss ihr Architekturstudium am ISPJAE 1977 ab. Schon während des Studiums (1971–1977) war sie als wissenschaftliche Mitarbeiterin im Technischen Informationszentrum tätig. Im Staatskomitee für Bauwesen arbeitete sie dann als Spezialistin für wissenschaftlich-technische Information, zunächst bis 1981 in der Informationsdirektion und anschließend in der Exportdirektion. Ab 1982 begann schließlich ihre 30-jährige Berufszeit am CENCREM im Kulturministerium. Im Departement für Konservierung in der Architektur war sie zunächst zehn Jahre lang Especialista für Konservierung und Restaurierung von Kulturgütern. In dieser Zeit studierte sie ein Semester Restaurierung von Baudenkmälern und Landschaftsschutz an der Technischen Universität Barcelona. 1992–1997 war sie Leiterin des Departements für methodische Lehrtätigkeit; anschließend kehrte sie bis zu ihrer Pensionierung 2012 wieder an ihre vorherige Position zurück. Seitdem arbeitet Zoila Cuadras als Especialista principal für Bauprojekte bei der Firma Restaura. Sie nahm an Veranstaltungen zur Denkmalpflege in und außerhalb Kubas teil und war unter anderem Referentin an Fachtagungen in Brasilien und Argentinien. Sie hat am Baufachwörterbuch (Russisch, Deutsch, Spanisch) der CAME (Rat für gegenseitige Wirtschaftshilfe) mitgearbeitet und war von 1977–1981 Chefredakteurin der kubanischen Fachzeitschrift *Información-Construcción* sowie in den 1990er-Jahren Dozentin für Denkmalpflege in der Altstadt von Havanna an der Universität Florida, USA. Zoila Cuadras war vor allem beratend tätig, hat aber auch Werke als ausführende Architektin geschaffen. 2002 erhielt sie eine Medaille für 20 Jahre Errungenschaften im Kulturbereich.

Zoila Cuadras Sola

ARCHITEKTIN

—

FIRMA RESTAURA, ARCHITEKTUR UND STADTPLANUNG
PROVINZIALDENKMALKOMMISSION DER OHCH
ESPECIALISTA PRINCIPAL FÜR BAUPROJEKTE
PENSIONIERT BERUFSTÄTIG

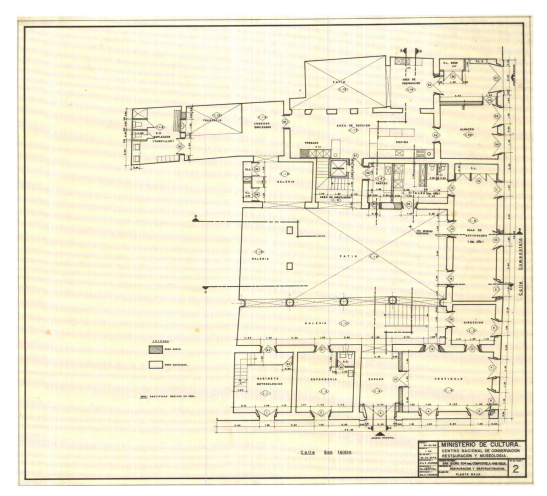

Abb. 82 Grundriss Erdgeschoss

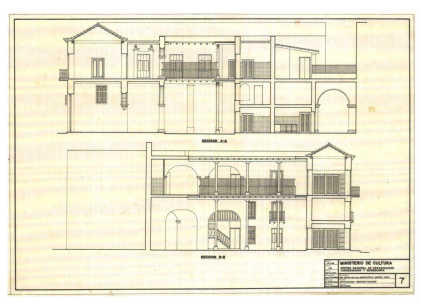

Abb. 83 Schnitte

18
CIRCULO INFANTIL (KINDERKREIS)
„MI CASITA COLONIAL"
Calle San Isidro entre Compostela y Picota, La Habana Vieja

Fertigstellung des Originalgebäudes
unbekannt

Ursprüngliche Nutzung
Wohngebäude (Einfamlienhaus)

Datum des Baueingriffs
1986 – 1989

Art der Baumaßnahmen
Restaurierung

Aktuelle Nutzung
Kinderkreis

Verantwortungsbereich
Projektleiterin

Mitarbeitende Architekten und Bauingenieure
Ing. Helena Jankouska (CENCREM)
Arq. Fernando Rodríguez Romo

Abb.84 Circulo Infantil, Eingang und Innenhof

Abb.85 Ansicht Calle Sar Isidro

Abb. 86   Edificio Viviendas San Ignacio, Blick von den Kollonaden gegenüber

Abb. 87   Fassadenausschnitt Halbbogenfenster

19
FASSADE WOHNGEBÄUDE
SAN IGNACIO 360
Calle San Ignacio 360 entre Teniente Rey y Muralla, La Habana Vieja

Fertigstellung des Originalgebäudes
unbekannt

Ursprüngliche Nutzung
Wohngebäude (Einfamlienhaus)

Datum des Baueingriffs
2013

Art der Baumaßnahmen
Restaurierung

Aktuelle Nutzung
Sozialwohnungen, im Erdgeschoss Geschäfte

Verantwortungsbereich
Projektleiterin

Mitarbeitende Architekten und Bauingenieure
Ing. Roberto Paredes Ruano

Abb.88 Ansicht Plaza Vieja

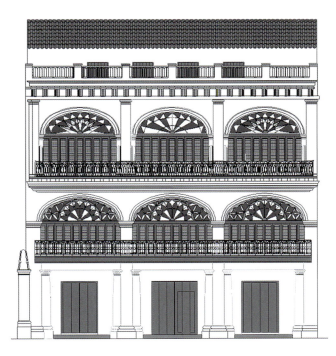

Abb.89 Ansicht

„Ein Projekt, an dem ich gearbeitet habe, gefiel mir besonders, es umfasste alles: die Quinta de los Molinos. Das ist eine Parkanlage, in der es etliche Bauobjekte und verschiedene Landschaftsgestaltungen zu bearbeiten gab; auch Holzhäuser, denn das Areal wurde zum Botanischen Garten, der sich ursprünglich auf dem Gelände des Kapitols befand und dann dorthin verlegt wurde.“

Enna Vergara Cardoso (*1950) arbeitete nach ihrem Architekturstudium an der CUJAE seit 1976 in der Ausarbeitung von Musterentwürfen vorgefertigter Bauteile und wechselte zwei Jahre später in ein Unternehmen zur Überarbeitung von Architekturnormen. Zwischen 1980 und 2002 arbeitete sie an verschiedenen Architekturprojekten und anschließend im Bereich Denkmalpflege im Büro des Stadthistorikers. Zuletzt war sie bei der Generaldirektion für Architektur- und Stadtplanungsprojekte (DGPAU) tätig. 2010–2013 nahm sie ihren Ruhestand in Anspruch. Danach begann sie erneut bei der DGPAU zu arbeiten; seit 2016 ist sie im Bereich Denkmalpflege bei der Firma Restaura beschäftigt. Enna Vergara übernahm bei etlichen Bauprojekten verschiedene Aufgaben wie Projektüberprüfung, Anpassungen von Bauprojekten, Erarbeitungen von Dossiers, denkmalpflegerische Zonierungen, künstlerische Bauleitungen sowie Urheberkontrolle. Zudem engagierte sie sich in der Führung interdisziplinärer Gruppen zur Sichtung von Notfallanlagen in Gebäuden der Altstadt sowie bei der Wiederherstellung des historischen Zentrums von Puerto Cabello, Venezuela. Zu ihren Werken zählen viele Bauprojekte mit öffentlichen und halböffentlichen Nutzungen und andere mit repräsentativen sowie sozialen Zwecken. Seit ihrer Pensionierung hat sie an wichtigen Bauwerken wie dem Castillo de la Fuerza oder dem Kapitol mitgearbeitet.

Enna Vergara Cardoso

ARCHITEKTIN
—
FIRMA RESTAURA, ARCHITEKTUR UND STADTPLANUNG
ESPECIALISTA A FÜR ARCHITEKTUR- UND INGENIEURPROJEKTE
PENSIONIERT BERUFSTÄTIG

Abb. 90 Castillo Santo Domingo de Atarés, Tonnengewölbe Innenraum

Abb. 91 Treppenaufgang Innenhof

20
CASTILLO SANTO DOMINGO DE ATARÉS
Calle Fábrica entre Arollo y Gancedo,
La Habana Vieja

Fertigstellung des Originalgebäudes
1763 – 1767

Ursprüngliche Nutzung
Militärische Festungsanlage

Datum des Baueingriffs
seit 2012

Art der Baumaßnahmen
Restaurierung

Aktuelle Nutzung
Museum (in der Restaurierungsphase)

Verantwortungsbereich
Projektleiterin

Mitarbeitende Architekten und Bauingenieure
Arq. Eydianne Batista, Ing. Leonardo Calderón

Fachplaner
Ing. Victor Hernández, Ing. Israel Hernández,
Ing. José Mario Ramírez, Tec. Alina Castro,
Ing. Marilyn Cabrera, Ing. Eloy Rodríguez, Daylin

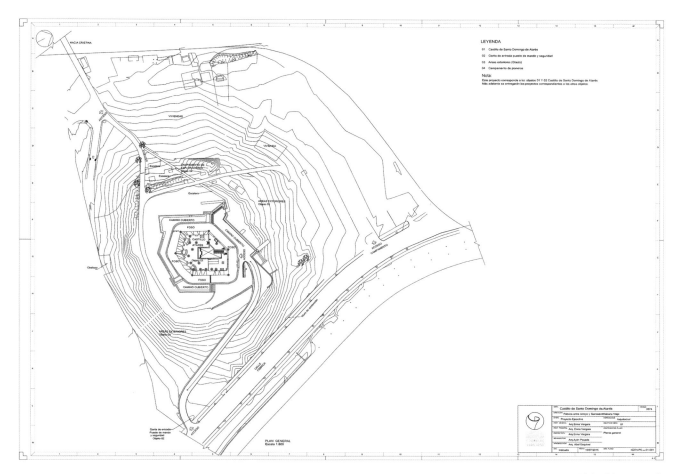

Abb.92 Lageplan

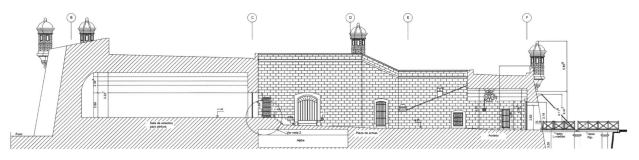

Abt.93 Schnitt

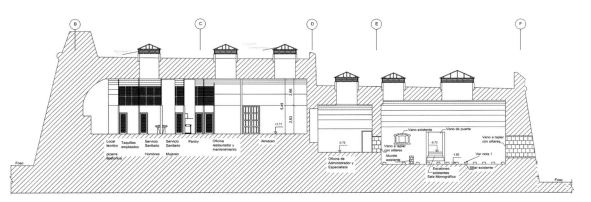

Abb.94 Schnitt

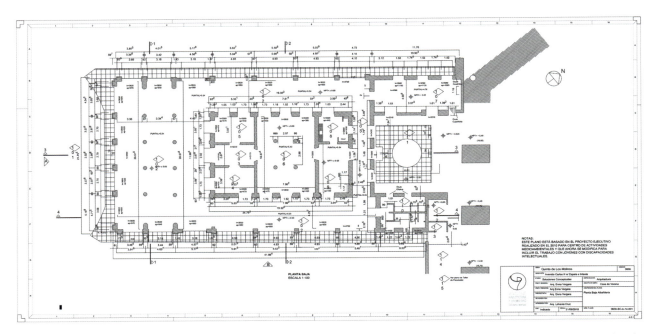

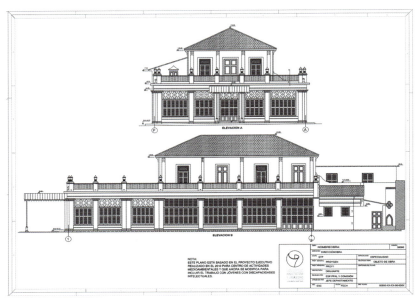

21
BOTANISCHER GARTEN QUINTA DE LOS MOLINOS
Paseo de Carlos III entre Zapata e Infanta, La Habana Vieja

Fertigstellung des Originalgebäudes
ab 1820 (Parkanlage), ca. 1850 (Hauptgebäude)

Ursprüngliche Nutzung
Botanischer Garten, vor 1850 bekannt als Jardín de Tacón

Datum des Baueingriffs
seit 2006

Art der Baumaßnahmen
Wiederherstellung Gebäude und Grünanlage

Aktuelle Nutzung
Parkanlage und Umweltschutzbildungseinrichtung

Verantwortungsbereich
Projektleiterin

Mitarbeitende Architekten und Bauingenieure
Arq. Ayleen Robainas, Arq. Aníbal del Prado, Arq. Luis Díaz Murgas, Lic. Pedro Cueto, Ing. Jorge Andino

Fachplaner
Ing. Guillermo Ruiz, Ing. Marilyn Cabrera, Tec. Manuel Lago, Ing. Lariza Menné, Ing. Laura A. Mesa Sotolongo, Ing. Enrique Moreno, Ing. Eloy Rodriguez

Abb. 97 Botanischer Garten Quinta de los Molinos, Nebengebäude

Abb. 98 Quinta de los Molinos, Parkanlage

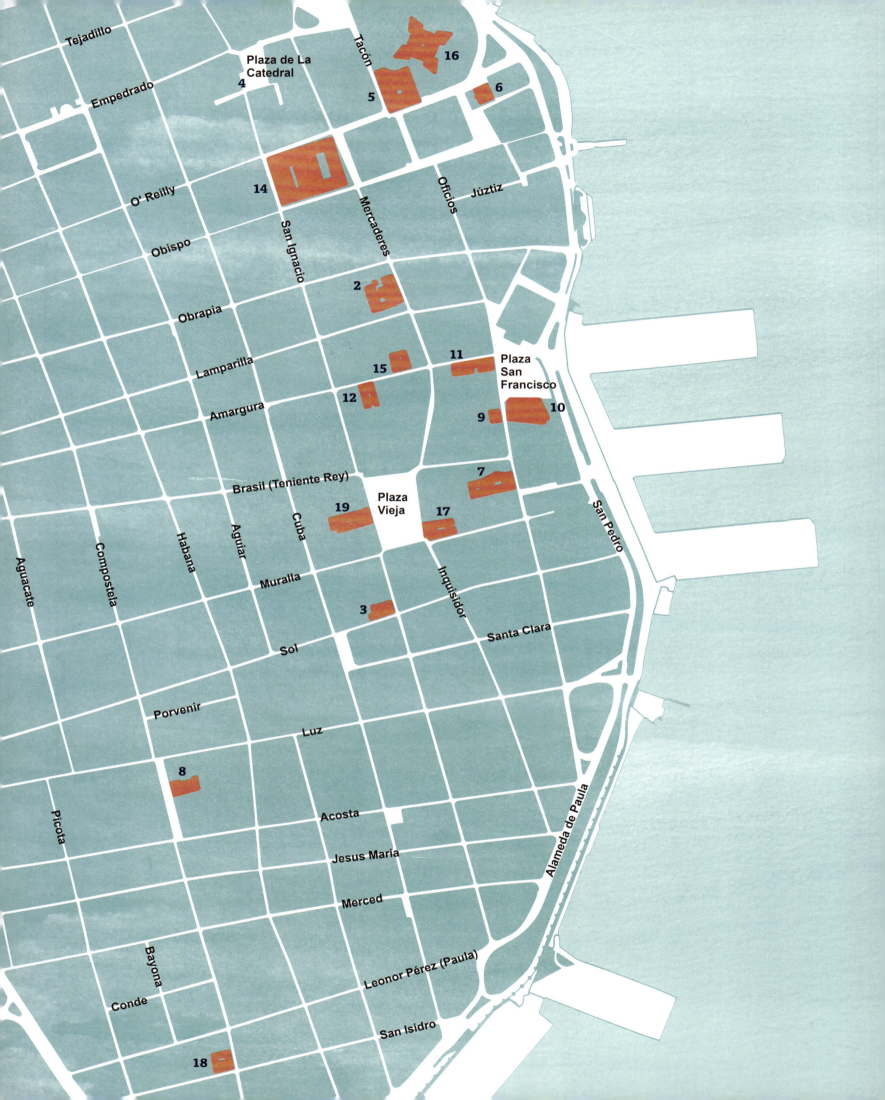

Havanna Altstadt
Ausschnitt

*siehe Stadtplan nächste Seite

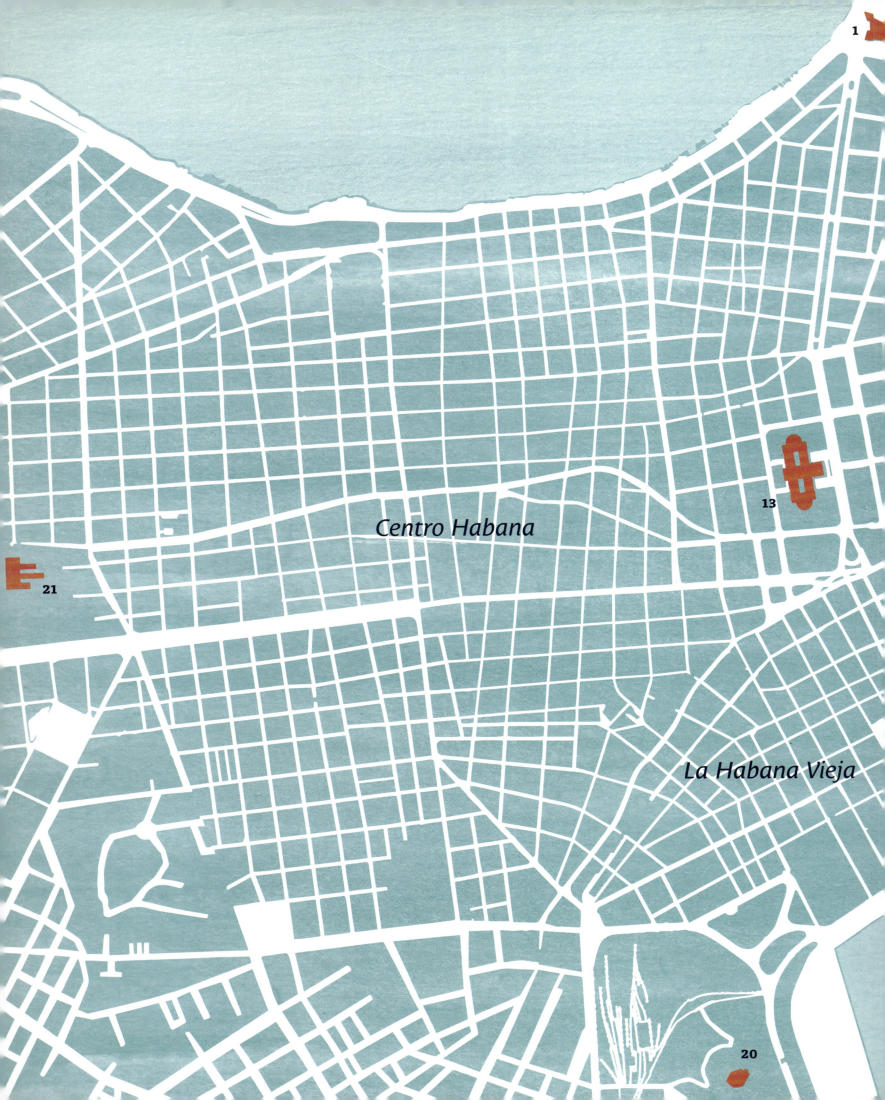

Centro Habana

La Habana Vieja

1

13

21

20

La Habana Vieja

Die Protagonistinnen im Gespräch

Auszüge aus
einigen Interviews
Christine Heidrich

Perla Rosales Aguirreurreta

Ich habe in der ehemaligen Sowjetunion studiert. Wir waren eine kleine Gruppe von fünfzehn Architekten und Architektinnen, die dorthin gingen [...]. Wir haben fünf Jahre dort studiert. Zwei von diesen fünfzehn sind heute hier im Büro des Historikers, Tatiana Fernández und ich. [...]

Im September 1995 begann ich im Büro des Historikers zu arbeiten [...]. Ich kam etwas verunsichert an, weil ich aus dem Baubereich kam und in der Planung und Projektsteuerung gearbeitet hatte, aber nicht in der Restaurierung. Doch ich hatte einen sehr guten Lehrer, Orestes del Castillo, der bis vor kurzem Berater von Eusebio Leal war [...]. Er sagte zu mir: „Hab' keine Angst, hier sprechen die Gebäude, deshalb musst du ihnen nur zuhören und sie berühren, dann wirst du wissen, was zu tun ist." Das war der erste gute Eindruck.

Ich war zunächst technische Mitarbeiterin, denn als Architektin hatte ich sehr wenig Erfahrung in der Restaurierung [...]. In dieser Position blieb ich nur kurz, denn ein Jahr später ging der damalige Unternehmensleiter in Ruhestand. Dann rief mich Eusebio Leal an und meinte: „Du wirst ihn ersetzen", und ich fragte: „Ich? Warum gerade ich?" [...] So wurde ich 1999 Leiterin der Firma für Denkmalsanierung im Büro des Historikers. Es gibt also nur sehr wenige Bauprojekte von mir. Glücklicherweise arbeitete ich damals an der Sanierung und Restaurierung der Burg San Salvador de la Punta [...] unter der Begleitung von Eusebio Leal. Das war für mich eine echte Schule. [...]

Eines Tages hinterließ Eusebio Leal eine Notiz auf einem Anschreiben auf meinem Tisch, in dem ich ihn um seinen Rat gebeten hatte. Er schrieb: „Sie hätten eine großartige Historikerin sein können oder könnten es noch werden." Ich habe sie als Andenken aufbewahrt. Ursprünglich faszinierte mich Geschichte, das war mein Lieblingsfach. Ich habe aber nicht Geschichte studiert, sondern Architektur. Dann hatte ich das Privileg, Architektur mit Geschichte zu verbinden. Dass mir so

etwas passieren würde, hätte ich nie gedacht, nicht einmal im Traum. Was er mir damals sagte und schrieb, war für mich das größte Kompliment, das man mir machen konnte. [...]

Von 1999 bis 2006 war ich also Leiterin der Restaurierungsfirma. Ich verließ sie voller Wehmut. Natürlich muss man jung sein, um männliche Bauarbeiter zu führen. Heute denke ich, das war der Moment in meinem Leben, in dem ich mich am erfolgreichsten gefühlt habe. Es ist viel schwieriger, Intellektuelle und Architekten anzuweisen als Bauarbeiter bei Restaurierungsarbeiten. Wenn ich durch die Straßen gehe, höre ich, wie sie mir immer noch nachrufen: „Direktorin, Direktorin". [...]

2006 bat mich dann Leal, den Projektsteuerungsprozess zu leiten, und wieder kamen mir die Tränen. [...] Vor allem weil ich das Gefühl hatte, etwas von mir selbst zurückzulassen [...]. Ich begann mit der Projektsteuerung und meinem ersten Projekt, der russisch-orthodoxen Kirche. Als ich dort ankam, war nur der erste Stein gesetzt und sonst nichts; man sagte mir, dass der Patriarch Kiril in zwei Jahren kommen würde, um das Werk zu eröffnen. Nun, ich habe das immer als Herausforderung betrachtet. [...]

Ich wurde also zur stellvertretenden Generaldirektorin des Büros des Historikers ernannt. Das macht mich stolz, aber ich bin trotzdem wehmütig, denn ich muss mich sehr viel mit Verwaltungsarbeit beschäftigen, was nie meine Absicht war. Ich mache das vor allem für Leal, denn er ist schon 75 Jahre alt, und man sollte erhalten, was er in seinen 50 Arbeitsjahren und in den 30 Jahren, die wir zum Weltkulturerbe gehören, erschaffen hat. [...]

Tatiana Fernández de los Santos

Ich habe mein Studium 1987 in der ehemaligen Sowjet-union abgeschlossen. Seit September 1987 bis heute arbeite ich in der Altstadt von Havanna. Es ist ein Privileg für mich, seit den ersten Schritten zur Rettung des historischen Stadtzentrums dabei zu sein, bei denen die wichtigste Person für uns unser Leiter Eusebio Leal ist. Ich begann in der Empresa de Restauración de Monumentos (Firma für Denkmalrestaurierung), die dafür verantwortlich war, ausgewählte Gebäude zu erhalten und zu sanieren, unter anderem, um Havanna wiederzubeleben und Besucher anzuziehen; denn die Einwohner wussten zwar von der Altstadt, Besucher aus dem Ausland aber nicht – unter anderem, weil sie verfallen und unbekannt war [...]. Mit der Zeit verliebte ich mich in jede Straße, in jedes Haus und entdeckte all die Architektur, die es in Havanna gab [...]. Jetzt stehe ich kurz vor der Pensionierung [...] und leite die Architektur- und Städtebauprojekte der Firma Restaura im Büro des Stadthistorikers. [...]

Ich bin keine Chefin, die erst in letzter Minute kommt, sondern ich gehe gerne mit gutem Beispiel voran. Ich versuche, noch vor meiner Sekretärin um acht Uhr oder früher da zu sein, es sei denn, ich muss in eine Besprechung, die woanders stattfindet. Das habe ich schon immer so gemacht, nicht erst, seit ich Direktorin bin, sondern schon seit meinem Studienabschluss. [...] Chefin zu sein, ist eine große Herausforderung, besonders für eine Frau, die zuhause auch noch Aufgaben hat, aber mir gefällt das. [...]

Nach meinem Abschluss 1987 begann ich zunächst auf der Baustelle zu arbeiten. Ich war technische Architektin, und die Arbeiter auf der Baustelle waren allesamt Männer. Für mich war das eine sehr schöne Erfahrung, weil ich nie Probleme mit Menschen hatte, die älter waren als ich – ältere Bauarbeiter mit viel Berufserfahrung, denen ich aber beibrachte, wie man Böden legt, Keramikplatten verlegt und die Abschlussarbeiten macht. Ihr Respekt hat mich mit Kraft erfüllt. Ich hatte schon immer das Gefühl, dass sie mich respektieren, auch als ich noch jünger war. [...] Ich denke, wenn eine Architektin nie als Bauleiterin tätig war, liegt das an ihrem Charakter, der dieser Aufgabe nicht entspricht, nicht jedoch daran, dass sie von anderen nicht akzeptiert wird. Es gibt schwächere Charaktere, die vielleicht nie Männer führen werden. Ich glaube, das ist eher ein persönliches Problem, das auch Männer haben können.

Ich denke schon, dass in Kuba Frauen und Männer in der Architektur gleichgestellt sind; für mich jedenfalls sind wir alle gleich. [...] Wir bearbeiten zum Beispiel gerade ein sehr ungewöhnliches Projekt im Büro des Historikers, eine arabische Moschee. Es hieß, dass Araber ein anderes Verhältnis zu Frauen haben, und in diesem Fall wählten wir einen Mann, aber einen sehr guten. Allerdings haben wir eine zweite kleine Moschee gebaut, und die Entwerferin war eine Frau. Wir haben einfach entschieden, dass der Entwurf von einer Frau stammen soll, und es ist nichts passiert. [...]

Denn nach und nach sind aus dem Bunt-
scheckigen, dem Mischmasch, den Einschiebseln
in unterschiedliches Vorhandenes Grundzüge eines
allgemeinen Aussehens getreten, das Havanna von
anderen Städten des Kontinents unterscheidet.

Alejo Carpentier[1]

Johanna Aedo Gutiérrez

[...] Ich bin Bauingenieurin [zum Zeitpunkt des Interviews 45 Jahre alt] und im Moment Leiterin der Direktion für Bauvorhaben im Büro des Stadthistorikers. Dieses Jahr, also 2018, liegt mein Universitätsabschluss 21 Jahre zurück. Während der gesamten Zeit habe ich im Büro des Stadthistorikers gearbeitet. [...]

Jungen Menschen, die hierherkommen, erkläre ich, dass diese Arbeit vielleicht nicht so gut bezahlt wird, dass sie aber innerhalb kurzer Zeit zu einem geistig und beruflich nachvollziehbaren Ergebnis führt. Es gibt nicht viele Jobs mit Resultaten, die man sich wirklich anschauen kann. Bei der Arbeit im Bauwesen, in der Planung oder auf dem Bau, bekommen Architekten oder Ingenieure ihr fertiges Werk nicht immer tatsächlich zu sehen. Wenn man hier jedoch in ein Projekt involviert ist, bleibt man von Anfang bis Ende dabei. Es ist wie mit der Arbeit, die ich jetzt mache, weil ich als Konstrukteurin angefangen habe. Nach meinem Abschluss war ich in einer Baufirma tätig. Ich war zwar nie Planerin, habe aber auf der Baustelle gearbeitet und dadurch die Arbeit als Bauingenieurin kennengelernt. Jetzt bin ich Projektsteuerin, schon seit fast sieben Jahren, und diese Arbeit ist ein wesentlicher Bestandteil des Prozesses. Ob wir [Frauen] nun kompetenter sind oder nicht, ich denke, es ist anstrengender für uns, aber wenn man motiviert ist, kann man erstaunliche Leistungen erbringen. [...]

Es ist uns allen bewusst, dass das, was wir jetzt erleben, nur einmal im Leben geschieht. Zum Beispiel restaurieren wir gerade das Kapitol: Die Restaurierungsarbeiten, die wir jetzt durchführen, wird es [...] in dieser Größenordnung nur einmal geben. Bauwerke werden nur einmal errichtet, und in solchem Umfang werden sie auch nur einmal restauriert – genau das tun wir jetzt. Vielleicht wird es in zehn Jahren weitere Baumaßnahmen geben, aber nicht in dieser Größe oder in diesem Ausmaß wie jetzt. Es ist ein Privileg. [...]

Ich denke, in Kuba gibt es sehr gute männliche Architekten, [...] aber ich glaube, dass der Blickwinkel der Frau dem Ergebnis eine andere Schönheit verleiht. [...] Die verschiedenen Lesarten aus der Sicht der Mutter, Frau, Spezialistin, Künstlerin, Historikerin, Restauratorin sind immer ein Plus und unterscheiden sich von dem, was die Männer beitragen können. [...] Wir bauen zum Beispiel ein Heim für heranwachsende Kinder. Solche Aufgaben werden von Frauen feinfühliger bearbeitet. Ich sage damit nicht, dass Männer nicht die technischen Fähigkeiten dazu haben, es gibt schließlich viele Männer im Team. Doch der Blick der Frauen aus verschiedenen Sichtweisen auf das Projekt als Ganzes führt zu einem besseren Ergebnis. [...]

In allen Dingen des Lebens müssen die Leute erkennen, dass du in etwas gut bist, sodass sie dir in einer Sache folgen; sie müssen sehen, dass du dich anstrengst, und sie müssen deine Fähigkeiten in dir erkennen können, dass du wirklich recht hast mit dem, was du sagst, und dass du die Lösung professionell angehst. [...] Das habe ich einige Male erlebt, als ich anfing, hier zu arbeiten: Die Leute, die ich anleiten musste, hatten mehr Berufserfahrung in ihrer Arbeit als ich. Das bedeutete, dass ich manchmal Lösungen bringen musste, die ich nicht finden konnte, weil sie auf Erfahrung beruhen. [...] Manchmal liegt die Lösung aber nicht darin, dass ich sie vorgebe, sondern darin, dass ich weiß, welche Personen ich zusammenrufen muss, um einen Weg zu finden. Wenn die anderen sehen, dass du das gut kannst und weißt, was zu tun ist, erkennen sie deine Leistung an. [...]

— 1 Alejo Carpentier, „Die Stadt der Säulen", in: ders., *Mein Havanna*, Zürich 2000, S. 105.

Norma Pérez-Trujillo Tenorio

Ich bin gerade 50 Jahre alt geworden. Seit meinem Studienabschluss arbeite ich in der Restaurierung, vor allem in der Projektsteuerung. Zurzeit leite ich die Abteilung für Sanierung und Denkmalpflege der Direktion für Bauinvestitionen und Projektentwicklung des Büros des Historikers. Die Arbeit als Projektsteuerin in der OHCH ist außergewöhnlich, denn in der Regel werden wir hinzugezogen, weil zum Beispiel Interesse an einem Gebäude besteht, dessen kulturhistorischer Wert eine umgehende Intervention erfordert. [...] Manchmal sind Sofortmaßnahmen notwendig, um den Verfall zu stoppen, während Fachleute für eine Analyse herbeigezogen werden, sei es archäologisch, strukturell oder beides. [...] An Industrie- oder Ingenieurbauten arbeiten wir jedoch normalerweise nicht. [...]

Nicht alle alten Dinge sind zwangsläufig gut, und heute gute Architektur zu schaffen bedeutet, für das Erbe von morgen zu sorgen, denn wir können der nächsten Generation nicht nur das Erbe vergangener Zeiten hinterlassen. Es ist wichtig, dass es aus jeder Zeit eine Architektur gibt, die den Stadtkodex bewusst aufnimmt und trotzdem ihre eigenen Ideen einbringt. Aus dieser Haltung heraus hat unser Team zum Beispiel am Hotel Telégrafo gearbeitet, das vor 20 Jahren eingeweiht wurde. Wir fanden, es handle sich um ein Gebäude, das aufgrund seines Schutzgrads und seines Wertes Lösungsvorschläge zulässt, die das Zeitgenössische mit dem Vergangenen verbinden, im Dialog zwischen Alt und Neu. So haben wir angefangen, Entwürfe für das Hotel Telégrafo zu entwickeln, die meiner Meinung nach zu den ersten Schritten im historischen Zentrum mit einem anderen Konzept zählen, wo sich die Möglichkeit eines Freiraums ergab, in dem wir neue architektonische Vorschläge im Kontext einer anderen Epoche, eines anderen Jahrhunderts machen konnten.

Kürzlich hatte ich mit dem Palacio del Segundo Cabo zu tun, einem wichtigen Bauwerk, das von höchstem denkmalpflegerischem Wert ist. Zuerst sollte darin ein Museum eingerichtet werden, dann wurde daraus ein kulturelles Informations- und Austauschzentrum. Dabei haben wir auf neue Technologien gesetzt; diese Idee haben wir entwickelt, obwohl diese Art Sprache im Büro des Stadthistorikers oder bei der Arbeit in der Altstadt im Zusammenhang mit Museen noch nicht üblich ist. Unser Vorschlag war, die neuen Technologien zur Unterstützung der Vermittlung von Inhalten mit einzubinden. Wir dachten, dass dies bei einem derart bedeutenden denkmalgeschützten Gebäude zuerst auf Unverständnis stoßen würde, aber die Idee war so überzeugend, dass sie vorbehaltlos akzeptiert wurde.

Wir haben uns wirklich sehr dafür eingesetzt, dass alle eingeladenen Entwerfer und Innenarchitekten (Männer wie Frauen) neuartige Vorschläge einreichen, unter Berücksichtigung zeitgenössischer Ideen und Technologien, aber gleichzeitig mit Respekt vor dem Denkmalschutzgrad und dem Wert des Gebäudes. Deshalb gibt es in den Räumen des Museums all diese spielerischen, interaktiven Inhalte mit einer gewissen Nähe zur Sprache und Welt der Kinder und Jugendlichen, zu deren Bildung wir verpflichtet sind. Es gab jedoch Bereiche wie den Kuppelsaal, in denen es wichtig war, den Geist des Gebäudes zu erhalten – ein neuer Projektentwurf hebt nicht unbedingt den Geist des Gebäudes auf. Alles, was wertvoll ist, haben wir belassen und die Schreinerarbeiten entfernt, es wurde sogar richtig ausgeräumt. Es handelte sich um ein Gebäude mit verschiedenen Nutzungen, dessen Struktur sehr stark beschädigt war. Es war fast vollständig einsturzgefährdet, und ausgesprochen viele Sicherungs- und Restaurierungsarbeiten waren notwendig. [...]

Zoila Cuadras Sola

Ich habe 1976 an der CUJAE meinen Abschluss in Architektur gemacht. [...] In den 1980-Jahren führte ich zwei wichtige Projekte durch, die auch abgeschlossen wurden. Sie wurden tatsächlich umgesetzt und gebaut, und ein weiteres wurde wiederhergestellt. Ich sage das, weil es in Havanna und anderen Teilen des Landes Projekte gab, die in der Planung, also auf dem Papier blieben, ohne ausgeführt zu werden, weil die Finanzierung fehlte. Das erste war ein Gebäude mitten im historischen Zentrum, in der traditionell ärmsten Gegend, dem Barrio de San Isidro im Süden der Altstadt. [...]

Dazu gibt es eine sehr schöne Anekdote: Ich erhielt die Aufgabe, das Gebäude wieder „aufzurichten". „Aufrichten" in Anführungszeichen, weil das nur über die Straßen möglich war, denn den Innenraum konnten wir nicht betreten, weil dieser voll Schutt lag. Es gab auch keine Treppen mehr, um ins Obergeschoss zu kommen, nicht einmal ein Zwischengeschoss, so sehr war das Gebäude eingefallen. Als wir also mit einer Gruppe am Wiederaufbau arbeiteten, kam eine Dame aus San Isidro und sagte zu mir: „Señora, was machen Sie hier?" Ich antwortete: „Wir richten dieses Gebäude wieder auf." „Ach, das ist ja schön, Sie reißen es ab, um einen Park für Kinder zu bauen." Ich antwortete: „Nein, es wird nicht abgerissen, es soll ein Kinderkreis entstehen." Und sie sagte zu mir: „Entschuldigung, Señora, aber Sie sind verrückt. Wie soll daraus ein Kinderkreis werden, wenn es doch abbruchreif ist?"

Als das Gebäude restauriert war und eingeweiht wurde, war die Presse da, und ich wurde interviewt. Da kam dieselbe Dame wieder und meinte zu dem Journalisten: „Ich möchte gerne etwas sagen: Diese Architektin hat mir vor drei Jahren, als sie mit dem Bau beschäftigt war, mitgeteilt, dass sie hier einen Kinderkreis bauen würde. Da habe ich zu ihr gesagt, ‚Señora, Sie sind doch verrückt'. Und jetzt schau' sich einer diese Schönheit an, was daraus geworden ist! An diesem Ort würde ich gerne arbeiten."

Das war eine der Auswirkungen, die solche Gebäude in einem Quartier haben können, denn in der Altstadt von Havanna war zwar schon einiges restauriert, aber nur im nördlichen Teil, nicht in diesem Gebiet, das schon immer am ärmsten war. Viele Anwohner hielten es nicht für möglich, dieses Gebäude wiederherzustellen, für eine so schwierige Nutzung wie die Unterbringung von Kindern, während sieben oder acht Stunden, solange die Eltern arbeiten gehen. [...]

Havanna

—

Frauen und Architektur

In unserem Land arbeitet man immer im Team

Christine Heidrich
im Gespräch mit
Irén Blanco-Inceosman

CHRISTINE HEIDRICH - *Was unterscheidet die Arbeit als Architektin in Kuba von der Arbeit in anderen Ländern? Welchen Einfluss hat die staatliche Struktur auf die alltägliche Arbeit als Architektin?*

IRÉN BLANCO-INCEOSMAN - Es gibt viele Gemeinsamkeiten und Unterschiede in der Herangehensweise an Architekturprojekte in Kuba und im Ausland. Zu den Gemeinsamkeiten gehören die Einhaltung von Sicherheitsstandards, berufsethische Grundsätze sowie Zertifizierungs- und Konstruktionsnormen. Unsere Arbeit orientiert sich an internationalen Entwurfsstandards, wie Ernst Neuferts *Bauentwurfslehre*[1], die seit der Erstveröffentlichung von 1933 laufend aktualisiert wird. Ebenso ermöglicht uns der Einsatz von kompatibler und weltweit bewährter Software eine internationale Ausdrucksweise. Diese Regeln und Ausdrucksmittel, die allen Architekten[2] gemeinsam sind, [...] machen es heute möglich, dass ihre Aussagen von Berufskollegen in jeder beliebigen Region der Welt und egal in welchem Umfeld in derselben Sprache interpretiert und kommuniziert werden können. In der Praxis gibt es manchmal dennoch länderspezifische Barrieren.

Die Unterschiede zwischen der Arbeit professioneller Architekten in Kuba und im Ausland sind meines Erachtens hauptsächlich auf das Umfeld zurückzuführen, seien es der gesellschaftspolitische und wirtschaftliche Kontext, die Geografie und die klimatischen Bedingungen, der Standort oder die Art des Projekts. Alle diese Faktoren beeinflussen die Entwürfe und die Arbeitsweise von Architekten sowie die Entwicklung ihrer Arbeit.

Im Falle Kubas spielen der sozioökonomische und der politische Kontext eine Rolle. 1959 wurde Kuba zu einem sozialistischen Land erklärt – ein Status, der trotz einiger Phasen der Veränderung bis heute erhalten geblieben ist. Das hat zur Stabilität in der Politik beigetragen und es dem Staat ermöglicht, nationale Programme zu entwickeln sowie Gesetze zu schaffen, die die soziale und geschlechtsspezifische Integration auf beruflicher Ebene begünstigen. Einige der Unterschiede zwischen der Arbeit von Architekten in Kuba und der Arbeit ihrer Berufskollegen im Ausland beruhen auf der Existenz von gesetzlichen Regelungen, die die Arbeitnehmenden in diesem Bereich, insbesondere die Architektinnen, schützen.

Alle, die in Kuba Architektur oder etwas anderes an der Universität studieren, wissen von Anfang an, dass sie nach dem Abschluss eine feste Anstellung haben werden, um den erlernten Beruf ausüben zu können.[3] Ihr Arbeitsplatz wird vom kubanischen Staat garantiert[4] – das gibt es für Architekten in anderen Ländern nicht.

In Kuba gibt es die gesetzlich festgelegte Regel, dass die für die Ausbildung zuständige Bildungseinrichtung – in diesem Fall die Universität – garantieren muss, dass jeder Studierende, der sein oder ihr Studium beendet hat, sofort eine Arbeitsstelle bekommt.[5] So setzen sich die kubanischen Universitäten zusammen mit den Studierenden dafür ein, dass ein Arbeitsverhältnis aufgebaut und gefördert wird; Kooperationsvereinbarungen zwischen studentischen und staatlichen Institutionen fördern die Zusammenarbeit zwischen kubanischen Bildungseinrichtungen und Unternehmen.

In jedem Studienjahr wird für alle Provinzen des Landes ein Stellenplan genehmigt. Dieser Prozess wird vom Ministerium für Wirtschaft und Planung kontrolliert und umgesetzt[6] und berücksichtigt den Bedarf an qualifizierten Arbeitskräften im Land. Daher werden in Kuba etwa so viele Fachleute ausgebildet, wie es Stellen zu besetzen gibt, was theoretisch garantiert, dass es keinen Überschuss gibt.

Nach dem Abschluss beginnt für kubanische Studierende eine Einführungsphase in die Arbeitswelt. Dieser Übergang dauert ein bis drei Jahre, wird als „Ausbildung" oder „Sozialdienst" bezeichnet[7] [...] und ist nicht zuletzt auch ein Beitrag an den Staat als Gegenleistung für die kostenlose Berufsausbildung. In dieser Zeit arbeiten die Absolvierenden zu einem Mindestlohn als Auszubildende; sie werden von Fachleuten betreut und

— **1** Anm. C. H.: Nachschlagewerk für technische Entwurfstandards in der Architektur, vgl. Ernst Neufert, *Bauentwurfslehre*, Wiesbaden 2018. — **2** Anm. C. H.: Sofern nur die männliche Form verwendet wird, meint die Autorin beide Geschlechter. — **3** Vgl. Ministerio de Trabajo y Seguridad Social (Ministerium für Arbeit und soziale Sicherheit), „Ley de Política de Empleo" (Arbeitsgesetz), in: *Gaceta oficial de la República de Cuba*, Nr. 29, 17.06.2014, S. 454, URL: http://api.mtss.ceniai.inf.cu/img/C%c3%b3digo%20de%20trabajo,%20Reglamento%20y%20legislaci%c3%b3n%20complementaria.pdf (09.01.2020). — **4** Vgl. Verfassung der Republik Kuba: „El Poder del pueblo, en servicio del propio pueblo, garantiza que no haya hombre o mujer, en condiciones de trabajar, que no tenga oportunidad de obtener un empleo con el cual pueda contribuir a los fines de la sociedad" (Die Volksmacht im Dienst des eigenen Volkes garantiert, dass alle arbeitsfähigen Männer oder Frauen die Möglichkeit haben werden, einen Arbeitsplatz zu erhalten, an dem sie zu den Zielen der Gesellschaft beitragen können), Havanna 1992, aktualisiert 24.02.2019. — **5** Vgl. Ministerio de Trabajo y Seguridad Social, Resolución 8/2005, „Reglamento General sobre Relaciones Laborales" (Allgemeine Vorschriften zu Arbeitsverhältnissen), 01.03.2005, Art. 17, in: *Gaceta oficial de la República de Cuba*, Nr. 14, S. 86, URL: http://www.aclifim.sld.cu/Leyes/Res8-2005mtss.pdf (12.01.2020). — **6** Vgl. Sinesio Santos Gutiérrez / Francisco López Segrera, *Kubanische Revolution und Hochschulbildung*, Valiação (Campinas), Bd. 13, Nr. 2, Sorocaba, Juni 2008. — **7** Vgl. Ministerio de Trabajo y Seguridad Social, Resolución ministerial 8/2005, Kap. XII, „Graduados en adiestramiento" (Absolventen und ihre Ausbildung), in: *Gaceta oficial de la República de Cuba*, Nr. 14, S. 93, URL: http://www.aclifim.sld.cu/Leyes/Res8-2005mtss.pdf, S. 21 (12.01.2020).

lösen konkrete praktische Aufgaben.[8] Diese erste Stufe in der Berufsausbildung von Architekten ist entscheidend für ihre zukünftige Spezialisierung. [...]

Dass die frisch diplomierten Architekten unmittelbar Praxiserfahrungen in Unternehmen sammeln, verschafft ihnen einen Vorteil gegenüber Absolventen aus Ländern mit einem großen Arbeitsmarkt. In jenen Ländern besteht eine vollständige Trennung zwischen Universitäten und Unternehmen, von denen die meisten dem Privatsektor angehören. [...] In den meisten Fällen sind die Architekten selbst für Stellensuche und Bewerbungen zuständig, während sich die Unternehmen darauf beschränken, ihre Mitarbeitenden nach ihren Bedürfnissen auszuwählen. Diese Vorgehensweise führt meiner Meinung nach zur Verbreitung von Stereotypen, die diskriminierend wirken, auch geschlechtsspezifisch. In diesem System ist es für Anfänger schwieriger, ohne Berufserfahrung oder andere Vorkenntnisse eine Arbeit zu finden. In Deutschland und anderen Ländern sind die Architekturstudierenden nach Abschluss ihres Studiums selbst dafür verantwortlich, sich einen Arbeitsplatz zu suchen. Obwohl Kooperationsprogramme zur Ausbildung von Nachwuchskräften existieren, um die gemeinsame Forschung und die Eingliederung in den Arbeitsmarkt zu fördern – zum Beispiel zwischen einigen Universitäten und Konzernen wie Bosch und Siemens in den Bereichen Biotechnologie, Automatisierungstechnik und Maschinenbau –, werden derartige Veränderungen in den Bereichen Architektur und Bauwesen nicht umgesetzt.

In Ländern außerhalb Kubas ist ein Hochschulstudium in Architektur ein finanzielles Privileg und kein staatlich finanziertes Recht wie in Kuba. Ein Studienabschluss, zum Beispiel in der Europäischen Union, kann im Schnitt drei Jahre dauern. Da bei der Arbeitssuche ein intensiver Konkurrenzkampf herrscht, sind die Studierenden praktisch gezwungen, ihren Master direkt nach dem Bachelorabschluss zu machen. Oft ist der Zugang zu dieser Spezialisierung primär von ökonomischen Faktoren abhängig, was viele dazu zwingt, Studium und Beruf zu wechseln, manchmal in Positionen, die nicht mit ihrer Ausbildung zusammenhängen. In Kuba garantiert ein Masterabschluss zwar eine besser bezahlte Anstellung, ist aber nicht unbedingt entscheidend, um eine feste Anstellung zu bekommen.

Sowohl in Kuba als auch im Ausland müssen alle Architekturstudierenden Pflichtpraktika absolvieren, manchmal ohne Vergütung. In Ländern außerhalb Kubas haben nicht alle Studierenden Zugang zu Arbeitsstellen in ihrem Fachgebiet. So stellen viele Architekten nach Abschluss ihres Studiums fest, dass sie nicht genug Erfahrung sammeln konnten, um einen Job im Arbeitsmarkt zu bekommen. Obwohl viele Architekturbüros Stellen für Berufsanfänger oder Praktika anbieten, ist es für Absolventen mit wenig Fachwissen sehr schwierig, gleich an einer dieser Stellen zu arbeiten. Diese unsichere Situation kann jahrelang andauern.

Dagegen gibt das Wissen, dass nach ihrem Abschluss ein Arbeitsvertrag vorliegen wird, kubanischen Architekten die Möglichkeit, ihren Beruf ungehindert auszuüben. Diese Verträge – eine Garantie für soziale Absicherung – werden vom Ministerium für Arbeit und soziale Sicherheit festgelegt, ebenso wie das Gehalt, und zwar unabhängig von Rasse oder Geschlecht.[9] Es gibt gesetzlich festgelegte Lohnskalen, die obligatorisch sind. Ebenso sind die kubanischen Arbeitnehmenden durch eine Resolution zur Einhaltung der Arbeitszeiten geschützt. Ein Arbeitstag dauert in kubanischen Architekturbüros in der Regel nicht länger als acht Stunden, sodass auch die Einbindung von Mitarbeitenden mit Kindern, insbesondere Frauen, garantiert ist.

Eine von den Erfahrungen, die mich bei der Arbeitssuche im Ausland am meisten beeindruckt haben, war die Lektüre einiger der Anforderungen, die Unternehmen an ihre Bewerber stellen. Häufig sind Sätze zu finden wie: „Nur Hochschulabsolventen", „soundso viele Jahre Erfahrung vorausgesetzt" oder „Mitarbeiter ohne Nine-to-five-Mentalität[10] gesucht". Diese Sätze, mit denen Arbeitssuchende oft konfrontiert werden, sind ein klares Zeichen für die Diskriminierung einer sozialen Gruppe: Wer kann erwarten, dass Mütter oder Väter mehr als acht Stunden im Büro bleiben, wenn ihre Kinder auf sie warten? Doch solche Formulierungen kommen oft vor.

In Europa werden für alle Disziplinen in der Architektur eigene Fachstudiengänge angeboten. Im Allgemeinen verteilt sich der Nachwuchs auf die drei Berufszweige mit den meisten Studierenden: Architektur, Städtebau und Innenarchitektur. Es sind aber auch andere Berufsrichtungen zu finden, wie Architekturtheorie oder Technische Architektur. Letztere konzentriert sich mehr auf das Bauwesen. Ausländische Universitäten

— 8 Gemäß der Beschäftigungspolitik des Arbeitsministeriums (Arbeitsgesetz) hat jeder Absolvent mit einer Sekundar- oder Hochschulausbildung die Pflicht, diese Ausbildung in der ihm zugeordneten Arbeitseinheit zu durchlaufen. — 9 Vgl. Ministerio de Trabajo y Seguridad Social, Resolución ministerial 8/2005, Kap.X, „La organización del salario" (Die Organisation der Gehälter), Art.126, Abs.1. — 10 Anm. C. H.: geringes Engagement von Mitarbeitenden bei geregelter, komfortabler Arbeitszeit, vgl. URL: https://www.duden.de/rechtschreibung/Nine_to_five_ (09.01.2020).

nutzen diesen Unterschied, um einen höheren beruflichen Spezialisierungsgrad zu erzielen. Dieses Vorgehen ermöglicht es den Institutionen, ihren Lehrbetrieb zu erweitern, zwingt aber die Studierenden, sich für eine bestimmte Branche zu entscheiden.

In Kuba werden Architekten ganzheitlich ausgebildet. Es gibt landesweit vier Universitäten, die dieses fünfjährige Studium anbieten. Im Lehrplan ist eine multidisziplinäre Ausbildung vorgesehen, die Themen aus Architektur, Städtebau und Innenarchitektur umfasst. Diese drei Bereiche werden jedes Jahr in einer interdisziplinären Projektarbeit zusammengeführt, an der auch andere Fachgebiete beteiligt sein können. Diese Seminare bereiten kubanische Architekten darauf vor, multidisziplinäre Projektteams zu leiten, in denen es Psychologen, Sozialarbeiterinnen, Historiker und Ingenieurinnen geben kann.

Nach ihrem Abschluss sind kubanische Architekten in den Bereichen Stadtplanung, Entwurf, Ausführung, Restaurierung, Bauwesen und Verwaltung einsatzfähig. Mit diesem Profil können sie als Projektsteuernde, Techniker sowie Stadtplanende arbeiten. In der ihnen zugewiesenen Position schließen sie ihre Spezialisierung ab. Aus diesem Grund spezialisieren sich kubanische Architekten oft bei ihrem Eintritt in den Arbeitsmarkt. Für kubanische Unternehmen ist es üblich, dafür zu sorgen, dass Arbeitnehmende Weiterbildungskurse zur Vertiefung und Fortsetzung ihrer Studien besuchen können, sofern das im gegenseitigen Interesse ist. Das ist in der Praxis natürlich nicht immer der Fall.

In unserem Land arbeitet man immer im Team; kubanische Architekten lernen im Team zu arbeiten. Diese Qualität ist definitionsgemäß in einem Gesellschaftssystem verankert, das die Entwicklung in der Gruppe im Blick hat, während die Idee des individuellen Egos gesellschaftlich nicht akzeptiert wird. Diese erlernte Kompetenz ist einer der Werte, die es mir ermöglicht haben, mich im Ausland mit anderen Fachleuten zu verständigen. Architektur ist keine Ein-Personen-Tätigkeit, sondern ein ganzheitlicher Beruf. [...] Die Gebäude werden immer komplexer, deshalb ist die Zusammenarbeit zwischen Architektenteams und multidisziplinären Teams dringend erforderlich. Im Ausland gibt es diese Zusammenarbeit nicht immer; alle sind auf ihre eigene Sphäre beschränkt.

In Kuba werden wir Architekten ständig von unseren Kollegen kritisch bewertet, sei es lobend oder konstruktiv. Das bedeutet nicht, dass diejenigen, die diese Kritik erhalten, keine guten Fachleute sind, sondern dass wir interagieren und aus den Erfahrungen anderer lernen.

Wir geben einander als Team Feedback. Wir werten Projekte immer in verschiedenen Kommissionen aus, zum Beispiel in der Denkmalschutzkommission, wo erfahrene Fachleute die Einhaltung der projektspezifischen Richtlinien zusammen mit den Architekten und ihrem Team unvoreingenommen überprüfen. So überwachen und evaluieren wir unsere Arbeit ständig. Ein Beispiel für dieses Zusammenwirken ist das Büro des Stadthistorikers von Havanna. Der Erfolg seines sozial ausgerichteten Programms ist nicht nur auf die großartige Organisation zurückzuführen, sondern auch auf die hervorragende Zusammenarbeit aller Beteiligten.

Die Tatsache, dass Kuba eine Insel ist und von wirtschaftlichen und sozialpolitischen Veränderungen auf internationaler Ebene beeinflusst wird, hat dazu geführt, dass das Land wirtschaftlich geschwächt ist. Diese Situation hat materielle Einschränkungen verursacht und die Einführung neuer architektonischer Technologien und Materialien verzögert. In vielen Fällen können Materialien, die in anderen Ländern vorhanden sind, bei kubanischen Projekten nicht verwendet werden.

Ein weiteres unverwechselbares Merkmal kubanischer Architekten ist, dass wir gelernt haben, mit den verfügbaren Ressourcen und Materialien zu gestalten. Obwohl viele internationale Beispiele als Referenzen herangezogen werden, legen die Dozierenden Wert darauf, dass wir nicht nur lernen, mit regionalen Materialien zu gestalten, sondern uns auch bewusst sind, dass jede Arbeit Teil eines sozialen Projekts ist. Das bedeutet, dass wir uns nicht den Luxus leisten können, von extravaganten Materialien oder Technologien zu träumen, denn meistens ist das Budget für ein Bauprojekt begrenzt, ebenso wie die verfügbaren Materialien. Das System lehrt uns, dass wir, anstatt unsere persönlichen Interessen und Vorlieben für wirtschaftlich nicht machbare Lösungen vorzubringen, mit beiden Beinen fest auf dem Boden stehen und Konzepte entwickeln, die an unsere Realität, an das verfügbare Budget und an die vorhandenen Ressourcen angepasst sind. Das ist ein großer Unterschied.

Ist die Herangehensweise der kubanischen Architektinnen an Bauaufgaben anders als in anderen Ländern?

Die Arbeitsweise von Architektinnen in Kuba ist recht flexibel. [...] Manchmal planen wir mit einem bestimmten Material, und in der Ausführungsphase ist dieses Material nicht mehr vorhanden, sodass wir nach Alternativen suchen müssen, die sogar den Entwurf verändern können. Und wenn wir über einen bestimmten Entwurf nachdenken, müssen wir berücksichtigen, dass das Budget einzuhalten ist.

Abgesehen von diesem Detail glaube ich nicht, dass es einen großen Unterschied zwischen kubanischen Frauen und ihren ausländischen Kolleginnen gibt, was die Art und Weise betrifft, wie sie arbeiten. Der Kontext macht den Unterschied, wie ich bereits erläutert habe. [...] Im Ausland handelt jedes Unternehmen anders, je nach seiner Struktur und der Art der auszuführenden Bauprojekte. Jede Firma weist einen definierten Handlungsspielraum auf, das heißt eine Spezialisierung. Das System ist hierarchischer. So sind beispielsweise Architektinnen bei der Bewerbung um eine Festanstellung benachteiligt. [...]

Obwohl Kuba ein Land ist, in dem kulturell gesehen das Patriarchat vorherrscht, sind heute zwei Drittel der Hochschulangehörigen auf der Insel Frauen.[11] Kubanische Frauen werden staatlich unterstützt, damit sie verantwortungsvolle berufliche Positionen übernehmen können. Es hat sich gezeigt, dass sie die gleichen Aufgaben wie ihre männlichen Kollegen erfüllen können. [...]

Wie sieht das staatliche System aus und welchen Einfluss hat es auf den Arbeitsalltag eines Architekten?

Das kubanische System richtet sich nach der Struktur, welche die Asamblea Nacional del Poder Popular (Nationalversammlung der Volksmacht, das Parlament von Kuba) festlegt. Die Nationalversammlung ist das gesetzgebende Gremium; sie wählt den kubanischen Staatsrat und legt die Richtlinien fest, die auf den verschiedenen Ebenen – regional, provinziell und kommunal – durch die Provinz- und Gemeindeverwaltungen der Volksmacht umgesetzt werden. Diese Gremien sind die lokalen Vertretungen des kubanischen Volkes und fungieren als Koordinatoren zwischen den Gemeinden und den zentralen Regierungsstrukturen. [...] Zu ihren Hauptaufgaben zählt die wirtschaftliche und soziale Entwicklung ihres Territoriums. Die Organe der Volksmacht, wie man sie in Kuba nennt, sind mit bestimmten Vollmachten ausgestattet, damit sie in ihrem Tätigkeitsbereich Entscheidungen treffen können.

Darüber hinaus gibt es die Volksräte.[12] Sie vertreten die Bevölkerung des jeweiligen Ortes. Obwohl sich diese Institutionen an einer staatlichen Leitlinie orientieren, verfügen sie über einen dezentralen, selbst finanzierten

Aktionsrahmen, der über Arbeitsgruppen eine schnelle Reaktion auf Probleme und eine effizientere Entscheidungsfindung auf allen Ebenen ermöglicht. Ein Beispiel für eine solche Dezentralisierung ist das Büro des Stadthistorikers von Havanna, eine Institution, die per Gesetz unterstützt wurde, um die eigenfinanzierte und nachhaltige Entwicklung der von der UNESCO geschützten Altstadt von Havanna weiterführen zu können.[13] Zu diesem Konglomerat gehört auch die Firma Restaura, die technische Dienstleistungen in den Bereichen Architektur, Ingenieurwesen und Gestaltung von Sanierungsprojekten erbringt – vor allem im historischen Zentrum, aber auch an kulturell wertvollen Orten im ganzen Land.

Zur Architektur im Allgemeinen gibt es wichtige Institutionen, die ihre Entwicklung in Kuba bestimmen:

Das Instituto de Planificación Física (Institut für Raumplanung) legt die kurz- und langfristigen Leitlinien zur Landnutzung fest und ist für die Erteilung von Baugenehmigungen zuständig, was zur optimalen Nutzung der Ressourcen beiträgt.[14] Ebenfalls in den Bereich dieses Gremiums fallen die Masterpläne aller wichtigen Städte, die auf lokaler Ebene ausgeführt werden.[15] [...]

Dann gibt es das Ministerio de la Construcción (MICONS, Bauministerium)[16], das über seine verschiedenen Abteilungen und Direktionen die Entwicklung des Berufsstands steuert. Daran sind alle verwandten Disziplinen beteiligt. Zum Bauministerium gehören folgende Abteilungen, in denen Architekten arbeiten können:

Die Dirección Nacional de la Vivienda (Nationale Wohnungsverwaltung) wurde gegründet, um effektiver auf die Wohnsituation im Land eingehen zu können und den Bau von Sozialwohnungen zu gewährleisten, wozu der Staat verpflichtet ist. Diese Direktion hat unter anderem die Aufgabe, die Bevölkerung bei der Instandhaltung, dem Umbau und der Errichtung von Wohnungen – sowohl durch den Staat als auch in Eigenregie – anzuleiten und zu unterstützen.

— **11** Vgl. Marta Núñez Sarmiento, *Estrategia cubana para el empleo femenino en los 90: Un estudio con mujeres profesionales*, Havanna 2001. — **12** Vgl. Verfassung der Republik Kuba, 24.02.2019. — **13** Vgl. Decreto Ley (Gesetzesdekret) Nr.143 und 283, „Sobre la Oficina del Historiador de la Ciudad de La Habana", 30.10.1993, in: *Gaceta Oficial de la República de Cuba*, Nr.24, 22.06.2011, S.248–250, URL: http://www.planmaestro.ohc.cu/recursos/papel/documentos/decreto-ley-283.pdf (12.01.2020). — **14** Vgl. Decreto Ley Nr.322/2014, „Ley general de la vivienda" (Allgemeines Wohnungsgesetz), 05.09.2014, in: *Gaceta Oficial de la República de Cuba*, Nr.40, S.949–958, URL: http://www.micons.gob.cu/sites/default/files/MICONS/Marco%20Normativo/DECRETO-LEY%20No.322.pdf (12.01.2020). — **15** Vgl. Instituto de Planificación Física, *Plan General de Ordenamiento Urbanístico (PGOTU)*, Havanna 2013, URL: http://www.ipf.gob.cu/es/content/plan-general-de-ordenamiento-territorial-y-urbanismo (09.01.2020).

Die Grupo Empresarial de Diseño e Ingeniería de la Construcción (Unternehmensgruppe für Gestaltung und Bauingenieurwesen) ist eines der umfassendsten Unternehmenskonglomerate, zu dem Projekt-, Gestaltungs- und Architekturfirmen aus dem ganzen Land gehören.

Die Unión Nacional de Arquitectos e Ingenieros de la Construcción (UNAICC, Nationaler Architekten- und Bauingenieurverband) begünstigt die Vernetzung der Berufsfachleute und fördert Weiterbildungsaktivitäten. Darüber hinaus organisiert sie nationale und internationale Veranstaltungen und vergibt Preise an herausragende Architekten.[17]

Die Empresas Provinciales de Servicios Técnicos del Arquitecto de la Comunidad (Provinzialfirmen für Technische Dienstleistungen des Gemeindearchitekten) sind auf die technische und architektonische Unterstützung der Bevölkerung spezialisiert und führen Beratungen, Gutachten, Liegenschaftsbewertungen und Bauprojekte im Zusammenhang mit dem Wohnraum und dem Lebensumfeld der Anwohner durch.

Die Comisión Nacional de Monumentos (Nationale Denkmalpflegekommission) spielt eine grundlegende Rolle in der kubanischen Architektur. Diese dem Consejo Nacional de Patrimonio Cultural (Nationalrat für Denkmalschutz) angeschlossene Institution sorgt dafür, dass Projekte, die in Schutzzonen oder kulturell wertvollen Gebieten des Landes durchgeführt werden, den Vorschriften nationaler und internationaler Organisationen wie der UNESCO, des Internationalen Rats für Denkmäler und historische Stätten (ICOMOS), des internationalen Komitees für Dokumentation und Erhalt von Gebäuden, Anlagen und Stadtteilen der Moderne (DOCOMOMO) und anderer in Kuba vertretenen Organisationen entsprechen.

Seit 2013 erweitert der Beschluss Nr. 32 des Ministeriums für Wirtschaft und Planung in Kuba die Möglichkeiten für geschäftliche Beziehungen zwischen dem nichtstaatlichen Bereich, der als Selbstständigkeit bezeichnet wird, und dem Staatssektor. Die meisten Arbeitsgenehmigungen aufgrund dieses Gesetzes erhielten Personen in handwerklichen Berufen. Obwohl auch Tätigkeiten innerhalb des Baugewerbes berücksichtigt wurden – wie Maurerarbeiten, Klempnerarbeiten, Zimmermannsarbeiten, Elektroinstallationen –, blieben andere Bereiche wie Architektur und Bauingenieurwesen ausschließlich dem staatlichen Sektor vorbehalten.[18]

Mit dem Aufkommen der Privatunternehmen ist die Notwendigkeit entstanden, dass Jungunternehmer nicht nur in ihren Dienstleistungen, sondern auch in ihrem Auftreten und ihrer Ästhetik wettbewerbsfähiger werden. Darüber hinaus erachten es viele als erforderlich, ihre Geschäftsräume – in vielen Fällen ihr Wohnumfeld – an die neuen Funktionen anzupassen. Braucht es dafür einen Architekten oder einen Designer?

Aufgrund der wirtschaftlichen Veränderungen im Land während der Sonderperiode sah man das Fach Innenarchitektur, das in der Vergangenheit als wichtiger Bestandteil des Architekturstudiums galt, in den 1990er-Jahren als ein von der Architekturausbildung unabhängiges Spezialgebiet.[19] So wurde die Innenarchitektur in den Studiengang Industriedesign an der Hochschule für Gestaltung integriert.[20] Obwohl dieses Fach im Jahr 2007 im Architektur-Lehrplan[21] wieder eingeführt wurde, bleibt die Innenarchitektur gemäß den staatlichen Vorgaben ein eigenständiger, mit der Industrie verbundener Berufszweig. Deshalb ist es aufgrund des oben erwähnten Gesetzes nur Designern erlaubt, sich selbstständig zu machen.

Gleichzeitig haben viele Architekten und Architektinnen die ungeregelten Aspekte des einen oder anderen Berufsstandes ausgenutzt und den Staatsbetrieb verlassen, um als Gestaltende und Kunstschaffende auf privater Basis zu arbeiten, wobei sie hauptsächlich innenarchitektonische Entwurfs- und Ausführungsprojekte realisieren. Damit erzielen sie ein deutlich höheres Einkommen als ihre Kollegen, die beim Staat angestellt sind.

Obwohl die Zahl der Selbstständigen in Kuba zugenommen hat, beeinflusst die Staatsstruktur weiterhin sämtliche Arbeitsbereiche der Architekten, in beiden Systemen. So legt der Staat beispielsweise fest, welche Bauprojekte als nächstes auszuführen sind, wie hoch die Investitionen sein sollen und welche Ressourcen

— **16** Vgl. Offizielle Website des Bauministeriums der Republik Kuba, URL: http://www.micons.gob.cu (09.01.2020). — **17** Vgl. Ecured (Kubanische Enzyklopädie im Internet), URL: https://www.ecured.cu/EcuRed:Enciclopedia_cubana (07.01.2020). — **18** Vgl. Decreto Ley Nr. 356, „Sobre el ejercicio del trabajo por cuenta propia" (Zur Ausübung einer selbstständigen Berufstätigkeit), 17.03.2018, S. 514–519, URL: https://www.14ymedio.com/nacional/Gaceta-Oficial-Extraordinaria-Julio_CYMFIL20180710_0001.pdf (12.01.2020). — **19** Vgl. Mabel Matamoros Tuma, *El Diseño de Interiores como componente del Diseño Arquitectónico. Un enfoque en el ámbito nacional*, Diss., Instituto Superior Politécnico José A. Echeverría, Fakultät für Architektur, Havanna, 2003. — **20** Das Instituto Superior de Diseño ISDI ist *Oficina Nacional de Diseño Industrial* (dt.: Nationales Büro für Industriedesign) angeschlossen, das seit 2017 zur Universität Havanna gehört, vgl. URL: http://www.isdi.co.cu/index.php/site/historia/Historia (07.01.2020). — **21** Vgl. Mabel Matamoros Tuma / René Gutiérrez Maidata, *El diseño de interiores en la formación del arquitecto. Experiencias en el Plan de Estudios D. Arquitectura y Urbanismo*, Bd. 34, Nr. 1, Havanna Jan.–Apr. 2013.

den einzelnen Baustellen zugewiesen werden. Daher verfügen einige Projekte über ein größeres Budget als andere. Auch im Fall der Privatwirtschaft bestimmt der Staat über die Art und die Anzahl der zu erteilenden Lizenzen. Die Selbstständigkeit ist relativ neu. Deshalb gibt es in diesem Sektor noch Punkte, die bisher nicht geregelt sind, wie der Anspruch auf Sozialversicherung, Altersvorsorge und andere Leistungen des Staates, wie etwa den Kinderkreisen.

Welche Vor- und Nachteile bietet das kubanische Architektursystem im Vergleich zu anderen Ländern?

Die ganzheitliche Sichtweise und die umfassende Ausbildung im Berufsfeld der Architektur sind große Vorteile. Die Ausbildung in Kuba ist so konzipiert, dass sie in fünf Jahren abgeschlossen werden kann; sie vermittelt die grundlegenden Methoden, um Projekte unterschiedlicher Größenordnung und Komplexität verwirklichen zu können. Dabei stellt die interdisziplinäre Zusammenarbeit – auch mit Vertretern anderer Fachgebiete – ein grundlegendes Instrument dar. Der tatsächliche materielle Wert der Arbeit von Architekten ist während der Berufslaufbahn jedoch nicht eindeutig ersichtlich, da sie als eine andere Art Spezialisten gelten, im Gegensatz zu selbstständigen Monteuren oder ausländischen Kollegen.

Die zielgerichtete Planung des Staates hat ihre Nachteile; zum Beispiel ist der oder die Leitende eines Unternehmens vielleicht nicht immer die bestqualifizierte Person für diese Position und zeigt deshalb ein falsches Führungsverhalten. Möglicherweise hat er oder sie keine Vorstellung vom Ausmaß der Arbeit, die ein Architekt eigentlich leisten muss, wenn er im Arbeitsumfeld eine Gegenüberstellung von Kriterien vornimmt. Während das individuelle Arbeiten meiner Meinung nach die Leistung von Einzelnen belohnt, heißt das Arbeiten im Kollektiv, dass nicht immer alle in einer Gruppe auf Augenhöhe sind, im gleichen Tempo arbeiten oder gleich motiviert sind. Das persönliche Engagement und der Arbeitseifer Einzelner können sich in Kuba jedoch auf die gesamte Gruppe und deren Interessen übertragen.

Ein weiterer Nachteil des kubanischen Architektursystems besteht darin, dass die Arbeit eines Architekten in einem staatlichen Büro in der Regel mit einem geringen Arbeitstempo verbunden ist, auch wenn dies nicht immer der Fall ist. Diese Langsamkeit beruht auf der Tatsache, dass in einem kubanischen

Architekturbüro viele Projekte gleichzeitig bearbeitet werden. Die Architekten setzen dann auftragsbezogene Prioritäten. Einige Pläne werden fast gleichzeitig mit der Bauausführung realisiert; andere werden ausgearbeitet, warten dann aber auf die Finanzierung durch Kapitalgeber, während sie über Jahre von verschiedenen Gestaltern bearbeitet werden; weitere bleiben im Entwicklungsstadium, in der Hoffnung auf einen Investor, der ihre Bearbeitung ermöglicht.

Alle staatlichen Architekturbüros halten die tägliche Arbeitszeit von acht Stunden mit Pausen ein – diese Regelung ist ein Vorteil des kubanischen Systems. Einer der Gründe, warum sich Architekten auf diese Zeit beschränken, liegt allerdings darin, dass sie meist ein festes Gehalt bekommen, das nicht ausreicht, um die Familie zu ernähren. Deshalb müssen viele Architekten neben ihrer Arbeit für den Staat noch anderen Tätigkeiten nachgehen, die ein besseres Gehalt einbringen, oder sich einfach häuslichen Aufgaben widmen.

Ein weiterer Vorteil des kubanischen Systems besteht darin, dass es durch seine Gesetzgebung die gesellschaftlichen Interessen sowie die soziale und geschlechtsspezifische Integration gewährleistet. Diese Art der Planung trägt dazu bei, dass sich die Entwicklung auf kollektive Ziele ausrichtet, während Entscheidungen auf der Grundlage individueller Interessen vermieden werden, um die Gleichstellung der Arbeitnehmer zu fördern. In der Praxis gibt es jedoch immer Ausnahmen.

Haben Frauen im kubanischen Architektursysem besondere Chancen?

Ich denke, dass die Maßnahmen, die in Kuba getroffen wurden, um Frauen in die Wirtschaft des Landes einzubeziehen, die berufliche Entwicklung von Architektinnen im Land begünstigt haben. [...] Gleichzeitig wurde dadurch die Denkweise unserer Gesellschaft in Bezug auf das weibliche Geschlecht positiv beeinflusst – obwohl es noch viel zu tun gibt, damit Frauen in ihrem privaten Umfeld mehr Unterstützung erhalten.

1960 wurde in Kuba die Federación de Mujeres Cubanas (FMC, Kubanischer Frauenverband) gegründet. Sie soll kubanische Frauen zur Überwindung der herrschenden traditionellen Muster befähigen, damit sie sich in den Arbeitsmarkt integrieren und zur Wirtschaft beitragen können. Eine der ersten Aufgaben dieses Frauenverbands war die Alphabetisierungskampagne, die hauptsächlich von Frauen durchgeführt wurde. Außerdem organisierte man Weiterbildungskurse für die Frauen, die nun lesen und schreiben konnten. Universitätskurse mit flexiblen Zeitplänen, die sogenannten Seminare für Berufstätige, wurden angeboten, damit arbeitende Frauen studieren konnten. Viele Berufe, die früher nur von Männern besetzt waren, konnten nun auch Frauen ausüben. Nach und nach gelangten kubanische Frauen an die Universitäten und konnten in Berufe in der Technik und im Ingenieurwesen einsteigen. 1996 waren unter den Absolvierenden höherer Bildungseinrichtungen 58 Prozent Frauen; bei den Neueinschreibungen waren es 60 Prozent[22], und im Jahr 2002 betrug der Anteil der weiblichen Studienanfänger insgesamt 62,9 Prozent.[23] [...]

Mit dem Ziel, dass Frauen ihrer Arbeit nachgehen können, wurden 1961 in Kuba die sogenannten Kinderkreise gegründet. In den folgenden Jahren entstanden weitere Initiativen, wie zum Beispiel die Schaffung von Tagesschulen, in denen die Kinder nach dem Schulunterricht noch bleiben können. Dies waren entscheidende Elemente für die umfangreiche Eingliederung von Frauen in Beruf und Gesellschaft.

Nachdem die Vereinten Nationen die Dekade der Frau (1975–1985) ausgerufen hatten, wurden in Kuba Frauenförderungsgesetze verabschiedet, beispielsweise das Mutterschaftsgesetz (1974), das Familiengesetzbuch (1975), das Gesetz zum Schutz und zur Hygiene am Arbeitsplatz (1977) sowie das Gesetz zur sozialen Sicherheit und das Strafgesetzbuch (1979). Diese wurden im Laufe der Jahre angepasst und integrieren aktuelle Lösungsansätze.

1992 wurde die kubanische Verfassung um einen eigenen Abschnitt zu den Frauen, ihrer Integration in die Gesellschaft und ihrem Schutz als Bürgerinnen erweitert. In den 1980er-Jahren hob das Arbeitsministerium sämtliche Beschränkungen des Zugangs von Frauen zu traditionellen Männerberufen auf. Auch andere

Regelungen wurden gefördert, die zur Eingliederung von Frauen in die Arbeitswelt beitragen, ihre Rechte schützen und gleiche Chancen und Vergütung garantieren. Heute lässt das Arbeitsrecht keine Diskriminierung in Bezug auf Gehalt, Beförderung, Zusatzleistungen oder Chancengleichheit zu.[24]

Während der Mutterschaft erhält die Frau ihr volles Gehalt eineinhalb Monate vor der Geburt und drei Monate nach der Geburt des Kindes. Der Mutterschaftsurlaub kann bis zu einem Jahr dauern, wobei die Vergütung 60 Prozent des durchschnittlichen Vorjahresgehalts beträgt.[25] Während dieser Zeit verliert die Frau weder ihren Arbeitsplatz noch allfällige Zusatzleistungen oder die Gehaltsstufe, in der sie zu Beginn ihrer Schwangerschaft war.[26] Mit der neuesten Verfassungsreform wurde das Recht auf Mutterschaftsurlaub auf berufstätige Eltern sowie Großeltern mütterlicher- und väterlicherseits ausgedehnt, damit sie sich im ersten Lebensjahr des Kindes um dessen Betreuung kümmern können. Unter anderem ermöglicht es diese Regelung, dass eine berufstätige Frau, die mehr verdient als ihr Partner, weiterarbeiten kann.

Seit 1977 sind mehr als die Hälfte der professionellen und technischen Arbeitskräfte des Landes Frauen. Die meisten kubanischen Architektinnen machen ihren Abschluss im Alter von 21 bis 25 Jahren. Ein bis drei Jahre später haben sie ihren Sozialdienst abgeschlossen und können als spezialisierte Fachkraft oder Technikerin anfangen, in einer garantierten festen Arbeitsstelle mit Zugang zur Gesundheits- und Sozialversicherung, dem Rentenanspruch und dem bezahlten Mutterschaftsurlaub. [...]

Das Patriarchat in Kuba existiert als Produkt unseres kulturellen Erbes. Auch der Machismo[27] manifestiert sich auf verschiedene Arten – vor allem im privaten und familiären Bereich[28] –, die so tief in der Gesellschaft verwurzelt sind, dass sie kulturell nicht als Problem betrachtet werden. Dieses Bild verändert sich jedoch: Heutzutage ist es für Kubaner ganz normal, Frauen in Führungspositionen zu sehen. [...]

Obwohl es Frauen gab, die sich in der kubanischen Architektur hervorgetan haben, sei es durch ihre Arbeit als Lehrerinnen, Forscherinnen, ausführende Architektinnen, Bauingenieurinnen, Designerinnen oder Direktorinnen, ist über die Leistungen, die sie erbracht haben, kaum etwas bekannt. Seit 1991 gibt es an der Universität von Havanna einen Lehrstuhl für Frauen, der sich mit dem Thema Gleichstellung im beruflichen

— **22** Vgl. Núñez Sarmiento 2001 (wie Anm. 25), S. 63–64. — **23** Vgl. nationale Volks- und Wohnungszählung von 2001, URL: http://www.cubaeduca.cu/media/ www.cubaeduca.cu/medias/pdf/310.pdf (09.01.2020). — **24** Vgl. Núñez Sarmiento 2001 (wie Anm. 25), S. 63–64. — **25** Vgl. Verfassung der kubanischen Republik 1992, Kap. VI, Art. 42, „Gleichstellung": „Zum Schutz ihrer Gesundheit und gesunder Nachkommen gewährt der Staat arbeitenden Frauen bezahlten Mutterschaftsurlaub vor und nach der Geburt und befristete Arbeitsverhältnisse, die mit ihrer Funktion als Mutter vereinbar sind." — **26** Vgl. Ministerio de Trabajo y Seguridad Social, Decreto Ley Nr. 339, „De la Maternidad de la Trabajadora" (Zur Mutterschaft der Arbeitnehmerin), 10.02.2017, in: *Gaceta Oficial de la República de Cuba*, Nr. 7, S. 116, URL: http://api.mtss.ceniai.inf.cu/img/DL%20339%20y%20340.pdf (09.01.2020). — **27** Anm. C.H.: Der Machismo bezeichnet eine Denk- und Verhaltensweise, die sich durch ein übersteigertes Männlichkeitsgefühl und traditionelle Vorstellungen zur Verhaltensweise von Männern und Frauen kennzeichnet. — **28** Vgl. Núñez Sarmiento 2001 (wie Anm. 25), S. 63–64.

Bereich befasst. Es gibt jedoch kaum Literatur zu Frauen in der kubanischen Architektur, mit Ausnahme einiger Schriften der kubanischen Forscherin Florencia Peñate[29] und ein paar Autorenverweisen in anderen Texten.

Dennoch wurden einige Architektinnen, die zur Weiterentwicklung dieser Disziplin in Kuba beigetragen haben, wie Eliana Cárdenas, in ihrem beruflichen Werdegang und ihrer Arbeit gewürdigt, obwohl es erst wenige Schriften gibt, die sich dem Thema aus geschlechtsspezifischer Sicht nähern. Das Projekt *Ellas restauran* des Büros des Historikers, das der Arbeit von Frauen im Restaurierungsprozess gewidmet ist[30], ist eines der jüngsten Werke in diesem Sinne.

Können sich Architektinnen im kubanischen Architektursystem besser behaupten und verwirklichen? Haben sie bessere Chancen, in leitende Positionen zu gelangen?

Ob eine Frau in einem System bessere Arbeit leisten und sich behaupten kann, hängt von ihren individuellen Voraussetzungen, ihrer Führungskompetenz und ihren persönlichen Prioritäten ab. Sowohl in Kuba als auch im Ausland haben Frauen in der Architektur große Leistungen erbracht. In beiden Kontexten stehen Architekten vor Herausforderungen und Hürden, die es zu überwinden gilt. So begünstigt beispielsweise die Gesetzgebung in Kuba einerseits die berufliche Entwicklung von Frauen, andererseits sind die Kubanerinnen im persönlichen und sozialen Bereich mit anderen Hindernissen konfrontiert.

In einigen europäischen Ländern wurden zwar Gesetze erlassen, die beispielsweise den Mutterschaftsurlaub für Frauen in einem festen Arbeitsvertrag unterstützen. Es werden jedoch keine Gesetze angewendet, die Frauen Vorteile verschaffen, um einen dieser sicheren Arbeitsplätze zu bekommen. Im Baugewerbe sind etliche Frauen immer noch benachteiligt. Sie finden nicht immer einen Arbeitgeber, der ihnen eine Garantie bietet. Gesetzlich besteht zwar Gleichberechtigung, doch in der Praxis sieht es anders aus.

Allgemein gibt es immer noch zahlreiche Stereotypen, die in allen Gesellschaften verwurzelt sind, und die Rolle der Frau wird seit Jahrhunderten klischeehaft dargestellt, indem die Bedeutung ihrer Arbeit in der Familie und deren tatsächlicher Nutzen für die Gesellschaft fast völlig außer Acht gelassen wird. Das muss sich ändern.

Wie hoch ist der Anteil an Professorinnen in Kuba? Gibt es hier mehr weibliche Lehrkräfte als in anderen Ländern?

Meiner Meinung nach beginnt die Ausbildung einer Fachkraft an der Universität, und wenn deren Professoren überwiegend Frauen sind oder zumindest ein besseres Geschlechterverhältnis besteht, werden Berufseinsteiger bereits mit einem Modell vertraut sein, in dem sowohl Frauen als auch Männer die Leitung innehaben können.

An der Fakultät für Architektur der Technischen Universität von Havanna (ISPJAE) ist ein hoher Prozentsatz der Lehrkräfte weiblich. Ein Studium in einem fairen, geschlechtergerechten Umfeld ist eine positive und motivierende Voraussetzung für die Zukunft jedes Studierenden, wenn man bedenkt, dass die Berufsausbildung an der Universität beginnt. Diese Beobachtung wird durch die Tatsache bestätigt, dass in der Fakultät für Architektur von 69 Lehrkräften 45 Frauen[31] beschäftigt sind, was 65 Prozent der Mitarbeitenden entspricht. Leider ist der Frauenanteil in anderen Ingenieurberufen, die man an dieser Institution studieren kann, nach wie vor sehr gering. Das hat nichts mit dem Zulassungsverfahren zum Hochschulstudium oder den Richtlinien für die Personalauswahl nach Ausbildungsabschluss zu tun, sondern vielmehr damit, dass diese Ingenieurstellen für Frauen nach wie vor unattraktiv sind.

Als ich zum Beispiel an der Technischen Universität Darmstadt studierte – sicherlich nicht die einzige Universität außerhalb Kubas, an der dies der Fall ist –, fiel mir auf, dass zwischen 2007 und 2009 die meisten Professoren Männer waren. Auf der offiziellen Website ist noch zu lesen, dass es an dieser Fakultät erst ab 1972 Professorinnen gab. Damals waren insgesamt drei Professorinnen aufgeführt, im Gegensatz zu 28 männlichen Professoren, sodass sie 10 Prozent der Fakultät vertraten. Heute liegt der Frauenanteil an dieser Universität weiterhin bei 35 Prozent; von den 17 Professuren sind sechs von Frauen besetzt.[32] An anderen Universitäten, wie zum Beispiel der Technischen Universität Berlin, ist

— **29** Vgl. Florencia Peñate Díaz, La obra de las arquitectas cubanas de la Repùblica entre los años 40 y fines de los 50 del siglo XX, in: *Arquitectura y Urbanismo*, Bd. 33, H. 3, Havanna Sept.–Dez. 2012, S. 70–82. — **30** Vgl. Opus Habana Redaktion, „Ellas restauran", in: *Opus Habana*, H. 53, 09.03.2011, URL: http://opushabana.cu/index.php/articulos-casa-de-papel/2747-ellas-restauran (07.01.2020). — **31** Vgl. Website der Technischen Universität von Havanna, URL: http://cujae.edu.cu/quienes-somos/presentacion (07.01.2020). — **32** Vgl. Entwicklung der Fakultät für Architektur an der Technischen Universität Darmstadt, URL: https://www.architektur.tu-darmstadt.de/fachbereich_architektur/ueber_uns/index.de.jsp (07.01.2020).

die Situation schwer zu ermitteln, da die entsprechenden Statistiken nicht veröffentlicht werden.

Arbeiten kubanische Architektinnen anders als Männer? Führen sie Teams anders, entwerfen sie anders?

Ich wüsste nicht, worin sich der Arbeitsstil kubanischer Frauen und Männer unterscheiden sollte. Offensichtlich haben wir die gleiche Arbeitsweise, denn wir haben die gleichen Aufgaben im Beruf zu erfüllen und in unserer Ausbildung lernen wir, mit den gleichen Methoden zu gestalten. Kulturbedingt haben kubanische Frauen jedoch eine größere Arbeitsbelastung als Männer, da sie neben ihrem Arbeitsalltag eine tragende Rolle in der Familienbetreuung spielen. Ich denke, dass diese geschlechtsspezifischen Bedürfnisse in die Projekte und die Art und Weise der Gebäudeplanung einfließen. Dazu sollte mehr Forschung betrieben werden.

In Bezug auf das Missverhältnis weiblicher und männlicher Führungskräfte hat in Kuba die Geschlechterforschung Folgendes aufgezeigt: „Männern fällt es leichter, eine Arbeitsstelle anzunehmen, weil sie zuhause keine Verantwortung tragen"[33], und das kann in manchen Berufszweigen eine der Ursachen für die Dominanz des einen oder anderen Geschlechts in Führungspositionen sein.

Dass der Führungsstil kubanischer Frauen anders ist als der von Männern, glaube ich nicht. Studien haben jedoch gezeigt, dass Frauen, die in einem ähnlichen Stil wie Männer führen, erfolgreicher sind. Zahlreiche Führungskräfte sind der Ansicht, dass Erfolg im Management abgesehen vom Geschlecht auch vom Charakter, persönlichen Werten und der jeweiligen Unternehmenspolitik abhängt.[34] Dies führt zu der Annahme, dass Frauen vor allem Führungsqualitäten brauchen, um leiten zu können. Meiner Meinung nach sollte man die eine oder andere Gruppe nicht verallgemeinern oder in Stereotypen einteilen. Ich denke jedoch, dass der Erfolg vieler kubanischer Frauen, die sich in der Architektur beruflich durchgesetzt haben, nicht nur auf ihre persönlichen Eigenschaften zurückzuführen ist, sondern auch auf die Förderung durch den Staat und auf die persönliche Unterstützung durch Familienmitglieder, seien es eine andere Frau, ihr Partner oder beide. [...]

Die Arbeit von Frauen und Männern ist kulturbedingt durch Klischees geprägt, und man hat ihnen abhängig von ihrem Geschlecht Verantwortung übertragen. Das kubanische Beispiel zeigt, dass auch Frauen bei gleichen Wettbewerbsbedingungen auf jedem von ihnen angestrebtem Niveau agieren können. [...] Meiner Ansicht nach ist es wichtig, dass wir Frauen in unserer Ausbildung alle notwendigen Werkzeuge erhalten, damit wir uns den Herausforderungen, mit denen wir konfrontiert werden, stellen können, und dass man der Arbeit von Frauen in der Architektur mehr Gewicht und mehr Chancen einräumt.

Was zeichnet kubanische Architektinnen im Vergleich zu anderen Ländern aus?

Ich denke, es ist das Gemeinschaftsgefühl – in Kuba unterstützen wir einander unter Kollegen sehr stark. Ich glaube nicht, dass es fachlich gesehen andere Unterschiede gibt. Wo auch immer wir arbeiten, erzielen wir die gleichen Ergebnisse wie unsere Kollegen international. Vielleicht liegt der Unterschied darin, dass wir eher Teamarbeit anstreben, weil wir wissen, dass wir so besser arbeiten können. So sind wir nun einmal.

Abgesehen davon sehe ich keine großen Unterschiede. Es geht nur um Anpassungsfähigkeit und um Arbeitsregeln; einige akzeptieren sie, andere nicht. Kuba hat in der Vergangenheit Fachkräfte in andere Länder exportiert. Das Projekt *Cooperación Sur* (Zusammenarbeit im Süden) war für unsere Entwicklung von größter Bedeutung. Natürlich ändert sich unsere Sichtweise mit unseren Erfahrungen. Die Veränderung der Materialien, der Klimawandel – all diese Faktoren prägen die Ästhetik und die Architektur eines Projekts. Ein weiterer Unterschied, den ich sehe, besteht darin, dass wir durch die historischen Umstände flexibel geworden sind und gelernt haben, uns an die Bedingungen anzupassen, die wir vorfinden. Diese Widerstandskraft und die umfassende Ausbildung, die wir erhalten, befähigen uns dazu, Architektur zu machen – in Kuba genauso wie in anderen Ländern der Erde.

— **33** Vgl. Marta Núñez Sarmiento, Cambios en la ideología de género entre mujeres y hombres profesionales en la Cuba de hoy, Havanna 2004. — **34** Vgl. M. Amparo Ramos López, Mujeres y liderazgo: Una nueva forma de dirigir, Valencia 2005.

Restaura und das Büro des Stadthistorikers (OHCH)

Christine Heidrich

Alle architektonischen Planungsaufgaben in der Altstadt von Havanna, seien es Restaurierungen oder Neubauten, werden von der Firma Restaura bearbeitet. Dass ein einziges Architekturbüro ein so umfangreiches Aufgabengebiet abdeckt, ist außerhalb von Kuba ungewöhnlich. Wie funktioniert dieses große Büro? Welche Planungsansätze gibt es? Arbeiten dort auch andere Fachleute außer Architekten? Die Besuche vor Ort geben Aufschluss.

Die Firma Restaura befindet sich in einem repräsentativen Gebäude in der Calle Cuba mitten in der Altstadt. Eine uniformierte Rezeptionistin empfängt die Besucher. Wer angemeldet ist, wird an der Rezeption abgeholt und durch das glasüberdeckte Atrium über eine Marmortreppe hinauf begleitet. Das Büro der Direktorin und Technischen Leiterin Tatiana Fernández ist ein hoher, repräsentativer Raum. Im angrenzenden großzügigen Besprechungsraum hängen die gerahmten Plakate der Ausstellung *Ellas restauran*. Die Fenster sind fest verschlossen, Klappläden schirmen die Hitze des Tages ab. Es wird bei Kunstlicht gearbeitet, und eine Klimaanlage mit Ventilatoren sorgt für kühle Temperaturen. Auf die Frage nach Architektinnen, die zu einem Gespräch über ihre Arbeit bereit wären, schlägt Tatiana Fernández zwölf Frauen vor. Nicht alle sind planende Architektinnen, einige sind Bauingenieurinnen oder Baumanagerinnen. Bei Restaura und im Büro des Stadthistorikers (Oficina del Historiador de la Ciudad de La Habana, OHCH) arbeiten – anders als in Europa – Architekten und Bauingenieure eng miteinander in derselben Firma zusammen.

Auch die meisten Büros bei Restaura werden von mehreren Mitarbeitenden gemeinsam genutzt. Die verspielten Ornamente des historischen Gebäudes bilden einen Kontrast zur modernen Bürotechnik mit ihren Computern und Bildschirmen und verleihen der Arbeitsatmosphäre etwas angenehm Menschliches.

Das staatliche Architekturbüro Restaura ist ein dem Büro des Stadthistorikers unterstellter Großbetrieb, der maßgeblich von Frauen geprägt ist. 223 Mitarbeitende sind hier beschäftigt, davon sind 138 beziehungsweise 61,8 Prozent Frauen. Von den 16 Führungsstellen sind sogar 13 von Frauen besetzt, also etwa 80 Prozent der leitenden Positionen, wie Tatiana Fernández berichtet.[2]

Denn beim Durchstreifen der alten Stadtviertel der kubanischen Hauptstadt wundert sich der kundige Besucher über die Vielzahl der Paläste, die sich in den engen Gassen erheben.

Alejo Carpentier[1]

Im Jahr 2009 entstand durch die Fusion von zwei Architekturabteilungen die Dirección General de Proyectos de Arquitectura e Ingeniería, Restaura (Generaldirektion für Architektur- und Ingenieurprojekte, Restaura).[3] Diese Institution wurde 2015 aus einer Direktion in eine Firma (empresa) umgewandelt. Die Firma Restaura führt in erster Linie alle Dienstleistungen und Bauprojekte aus, die vom Investitionsplan der OHCH (Plan de Inversiones de la Oficina del Historiador) vorgegeben werden. Dieser Plan wird jedes Jahr neu festgelegt, und Restaura ist für alle Projektplanungsphasen zuständig – vom Entwurf über die Ausführungsplanung und die Bauleitung bis hin zur Innenraumgestaltung.

50 von den 223 Mitarbeitenden sind unter 30 Jahre alt und haben im Alter von 25 Jahren ihren Universitätsabschluss gemacht. Die Direktorin Tatiana Fernández erläutert: „Die Firma beschäftigt nicht nur Architekten, sondern auch Bauingenieure, Elektroingenieure, Maschinenbauingenieure, Telekommunikationsingenieure sowie Grafiker, Designer und Innenarchitekten beider Geschlechter. Es gehören auch Historiker und Historikerinnen dazu, deren Beitrag besonders wichtig ist, denn der erste Schritt bei Restaurierungsprojekten ist immer eine denkmalpflegerische Evaluation, die auf einer historischen Forschung basiert: Was war da, was ist noch erhalten geblieben, was wird noch kommen?"[4] Jedes Projekt erhält ein eigenes Team aus Mitarbeitern aller relevanten Berufsgattungen innerhalb des eigenen Büros.

BAUEN ZWISCHEN ALT UND NEU IN HAVANNA

Die Altstadt von Havanna umfasst etwa 3.500 Gebäude[5] verschiedener Epochen und Baustile. Die meisten stammen aus der Kolonialzeit (28 Prozent) sowie den

— 1 Alejo Carpentier, „Eine Stadt der Paläste", in: ders., *Mein Havanna*, Zürich 2000, S. 99. — 2 Christine Heidrich, *Interview mit Tatiana Fernández*, Havanna, 2018, S. 2. — 3 Die Dirección de Proyectos de Arquitectura y Urbanismo (Direktion für Architektur- und Städtebauprojekte) wurde mit der Dirección de Arquitectura Patrimonial (Direktion für Kulturerbearchitektur) zusammengeschlossen. — 04 Heidrich, 2018 (wie Anm. 54), S. 2. — 5 Vgl. Plan Maestro (Hg.), *PEDI Plan Especial de Desarollo Integral 2030: La Habana Vieja*, S. 31.

ersten Jahrzehnten der kubanischen Republik[6], also ab Ende des 19. Jahrhunderts, überwiegend im Stil des Neoklassizismus (56 Prozent). Während die Hauptverkehrsadern der Stadt von beeindruckenden Wohn-, Verwaltungs- und Finanzgebäuden gesäumt sind, prägen im historischen Kern religiöse Bauwerke, Tempel und Klöster sowie die Vielzahl der Wohnhäuser in ihren unterschiedlichen Baustilen das lebendige Bild der Stadt.

Dass Denkmalpflege hier eine wichtige Rolle spielt, erklärt sich von selbst. Dennoch, so berichtet Zoila Cuadras, gehört die professionelle Restaurierung zu den jüngeren Fachgebieten in Kuba und begann erst in den 1970er-Jahren.[7]

Alle Gebäude im historischen Stadtkern sind nach ihrem Denkmalschutzgrad klassifiziert. Dieser richtet sich nach Wert und Alter der Bauwerke und legt den Umfang der möglichen Veränderungen fest. Schutzgrad I stellt die höchste Stufe dar, das heißt, alles muss genau so erhalten oder wiederhergestellt werden, wie es in einem bestimmten denkmalpflegerisch festgelegten Zustand war.[8] Schutzgrad II legt fest, dass frühere Veränderungen erhalten bleiben dürfen, während gewisse kontrollierte Anpassungen unter Umständen genehmigt werden können. Schutzgrad III bezieht sich auf Kulturgüter von eher lokaler Bedeutung – Teil- oder sogar Totalabrisse sind nach vorheriger Genehmigung möglich –, und Schutzgrad IV bedeutet, dass ein Gebäude sogar ganz abgerissen werden darf, wenn es Bauwerke unter Schutzgrad I oder II stört. Etwas mehr als 500 Gebäude haben die Schutzgrade I und II und sind denkmalpflegerisch von höchstem Wert. Weitere 2.500 gehören in die Kategorie III und prägen somit maßgeblich das städtebauliche Erscheinungsbild der Altstadt.

In die höchste Kategorie gehören zum Beispiel das Gran Teatro de La Habana, ein neobarocker Prunkbau an der Plaza Central von 1914, und das nebenan 1929 im neoklassizistischen Stil errichtete Kapitol[9], wie die Ingenieurin Marisol Marrero erläutert: „Zunächst werden aus städtebaulicher Sicht bestimmte Vorgaben festgelegt, beispielsweise, wie viele Geschosse ein Gebäude hat, ob diese an der Fassade ablesbar sein müssen, ob nur die Fassade zu erhalten ist oder ob das ganze Gebäude vollständig bewahrt werden muss. Des Weiteren wird entschieden, ob der Ursprungszustand wiederhergestellt werden soll oder ob nur einzelne Bauteile zu bewahren sind, die zwischen der Errichtung des Gebäudes und einem bestimmten Zeitpunkt hinzugefügt wurden."[10] Im Rahmen dieser Vorgaben erarbeiten die Architekten bei Restaura Vorschläge, die sie zunächst einem internen Prüfungskomitee im Büro Restaura und anschließend

einer Denkmalschutzkommission vorlegen, die alle Projekte noch einmal kontrolliert und überarbeitet.

PLANUNGSANSÄTZE IN DER ALTSTADT

Eine wichtige Aufgabe in der Altstadt von Havanna stellt sich zum Beispiel dann, wenn ein neuer Baukörper in den historischen Kontext eingefügt werden soll. Dabei kann sich das Alte dem Neuen unterordnen – etwa durch eine harmonische Anpassung mit historisierenden Elementen –, oder man kann beide Teile gleichwertig gegenüberstellen, etwa durch einen starken Kontrast in zeitgemäßer Formensprache.[11] „Wenn eine harmonische Lösung sehr schwierig ist, weil das dominante Element des Kontextes nicht definiert werden kann, ist ein wirkungsvoller Kontrast eine praktikable Lösung", schreibt die Architekturhistorikerin Ángela Rojas.[12] Charakterstarke Lösungen, die einfühlsam auf die jeweilige Situation eingehen, tragen so zum „Weiterdenken" der Stadt bei. Es ist ein anspruchsvoller Ansatz.

Auf der Suche nach gebauten Situationen in Havannas Altstadt, in denen ausdrucksstarke Kontraste zwischen Alt und Neu zu finden sind, fallen verschiedene Projekte auf, wie zum Beispiel das Universitätskollegium San Gerónimo im ehemaligen Klosterkomplex zwischen Calle Obispo und Calle Mercaderes. In dieses Projekt waren einige der Protagonistinnen involviert: Marisol Marrero führte als Bauingenieurin die statischen Berechnungen des gesamten Projekts durch, Enna Vergara kam später als Architektin dazu.[13] Der historische Gebäudekomplex erlebte im 19. und 20. Jahrhundert eine wechselvolle Geschichte; Teile der reich verzierten

— 6 Im Jahr 1899 zog sich Spanien aufgrund der ersten Invasion der Nordamerikaner nach 400 Jahren Kolonialherrschaft aus Kuba zurück. Die Spanier hatten auf der größten der Antilleninseln keinen Nationalstaat hinterlassen, und in den Vereinigten Staaten herrschte Uneinigkeit über die Positionierung gegenüber Kuba. Daher versuchten amerikanische Politiker, ihre eigenen Interessen zu verteidigen und Kuba zu kontrollieren. Diese ungeregelte Situation führte dazu, dass verschiedene parteipolitische Gruppierungen entstanden und sich langsam eine neue Republik in Lateinamerika herausbildete, mit enger Bindung an die Vereinigten Staaten von Amerika, vgl. Guerra Vilaboy, Sergio / Oscar Loyola Vega, *Kuba: Eine Geschichte*, Melbourne / New York 2015, S. 49–76. — 7 Vgl. Christine Heidrich, *Interview mit Zoila Cuadras*, Havanna 2018, S. 1. — 8 Vgl. Plan Maestro, *Regulaciones Urbanísticas*, (unveröff.), S. 13–14, URL: http://www.planmaestro.ohc.cu/recursos/papel/documentos/regulaciones.pdf (08.01.2020). — 9 Das Capitolio Nacional (Kapitol) wurde als Regierungssitz von den kubanischen Architekten Raúl Otero und Eugenio Rayneri Piedra und anderen nach dem Vorbild des US-amerikanischen Kapitols in Washington D. C. errichtet. Es ist eines der bedeutendsten Bauwerke in Kuba und die wichtigste und größte Baustelle in Havanna. Nach einer mehrjährigen Restaurierung ist das Kapitol seit März 2018 wieder für Besucher geöffnet, vgl. Mark Trevor Burrell, *La restauración del Capitolio de La Habana*, 18.10.2015, URL: https://www.elnuevoherald.com/noticias/mundo/america-latina/cuba-es/article39781206.html (08.01.2020). — 10 Christine Heidrich, *Interview mit Marisol Marrero*, Havanna 2018, S. 3. — 11 Vgl. Isabel Rigol / Ángela Rojas, *Conservación patrimonial. Teoría y crítica*, Havanna 2012, S. 142. — 12 Ebd., S. 149. — 13 Heidrich, 2018 (wie Anm. 62), S. 1.

barocken Fassade mussten einer Erweiterung des Straßenraums weichen, Mauern wurden für ein Bürogebäude mit Hubschrauberlandeplatz (der nie realisiert wurde) weggesprengt. Nach den umfangreichen Erneuerungs- und Ergänzungsmaßnahmen durch das Büro des Stadthistorikers war zunächst das Erziehungsministerium in den neuen Räumlichkeiten untergebracht, bis schließlich das Universitätskollegium San Gerónimo einzog.

Den stark zerstörten Zustand der Bausubstanz nahmen die Architekten als Chance wahr, das bestehende Gebäude zeitgenössisch umzugestalten, neue Baukörper einzufügen und die großen ehemaligen Innenhöfe neu zu nutzen – keine leichte Aufgabe angesichts der vielfachen Umbaumaßnahmen in der Vergangenheit. Ein dominantes Element war angesichts der massiven Schäden offenbar schwer auszumachen. Das erklärt, warum für die neuen Bauelemente ein starker Kontrast gewählt wurde: Kühle Glasflächen im Obergeschoss setzen sich in einem turmartigen Aufbau fort und bilden einen klaren Gegensatz zu den zum Teil ornamentalen historischen Gebäudeteilen aus hellem Kalksandstein. Dieser Ansatz wirkt angemessen, der gläserne Turmaufbau, der den fehlenden Glockenturm ersetzt, stellt einen klaren Gegensatz zwischen Neu und Alt her. Für die Fassaden wählten die Architekten einen edlen Naturstein, der die Glasflächen kontrastiert, während die abgestuften Fensterrahmungen zwischen historisierender und zeitgenössischer Formensprache vermitteln. Bügelartige Metallstreben im oberen Geschoss verleihen der Glasfassade etwas Technisch-Modernes und heben den Gegensatz zwischen neuer und alter Formensprache deutlich hervor. Neben der Hochwertigkeit dieser Elemente wirkt die im Erdgeschoss einseitig zurückspringende verputzte Längsfassade eher zweckmäßig, doch

ihr gelber Farbanstrich knüpft an das lebensfrohe karibische Farbempfinden an.

Ein weiteres Beispiel für das Nebeneinander von Alt und Neu ist das Hotel Telégrafo an der Ecke Prado-Calle Neptuno, an dem Norma Pérez-Trujillo mitgearbeitet hat. Es wurde in den 1990er-Jahren renoviert und fast vollständig entkernt. Erhalten geblieben sind die Fassade sowie einzelne Bauabschnitte wie der Innenhof. Hier wurde das Mauerwerk in den beiden unteren Geschossen freigelegt; über rechteckigen Kalksandsteinstützen erheben sich Backsteinarkaden als strukturierende Bauteile, und wo den archaisch wirkenden Elementen schlichte Formen gegenübergestellt sind, wie zum Beispiel die weiß gehaltenen Wendeltreppen, entsteht eine angenehme Spannung. Sie wird von den ausdrucksstarken Wandmosaiken fortgesetzt und wirkt der etwas unruhigen Vielfalt der Farben und Materialien in einigen Innenbereichen entgegen. Am interessantesten ist jedoch die Fassade, ihr harmonischer Farbklang bringt die Gesimse und Fensterumrahmungen, die wie Neuinterpretationen klassizistischer Stilelemente anmuten, besonders zum Ausdruck.

Andere Restaurierungsprojekte sind so umfangreich, dass es sich eigentlich um neue Gebäude handelt, bei denen nur die historische Fassade erhalten bleibt – meist, weil der Verfall zu stark fortgeschritten ist. Beispiele solcher vollständigen Entkernungen sind die großen repräsentativen Hotels an der Flaniermeile Paseo del Prado oder am Parque Central, wie das Hotel Manzana Kempinski. Das Gebäude wirkt konsequent geplant und imponiert durch seine klassizistische Kolonnaden-Fassade[14] mit mächtigen Pfeilern.

— **14** Säulenfolge mit Architrav (Hauptbalken, der den Oberbau trägt).

Abb. 100 Hotel Kempinski

Dazu bilden die schlichten weißen Baukörper im Inneren (Hotelzone mit Geschäftspassage) einen ausgewogenen Kontrast, der sich bis zum dunkel gehaltenen Dachaufbau fortsetzt. Florale Applikationen auf dem gläsernen Aufzugsschacht erinnern an zeitgenössische spanische oder italienische Architektur. Sie spannen einen Bogen zwischen der modernen Reduktion der neuen Bauabschnitte und der verzierten Fassade, ohne sie jedoch nachzuahmen. Neue Bauteile sind eindeutig als solche erkennbar. Die Farben sind im Wesentlichen auf Weiß und Anthrazit reduziert und setzen so die Aussage der eleganten historischen Fassade fort.

Ganz anders ging man hingegen beim Museo de la Farmacía Habanera (Apothekenmuseum) vor, einem Projekt, in dessen Verlauf die Architektin Enna Vergara die Bauleitung übernahm. Es ist offensichtlich, dass dieses Gebäude dem höchsten Schutzgrad I unterstellt ist und originalgetreu zu restaurieren war. Der im Jugendstil gehaltene Innenausbau der beeindruckenden Apotheke besteht aus dunklem Holz, das bis zur hohen Decke reicht, während der dahinter liegende

Gebäudekomplex mit seinem großzügigen überdachten Innenhof einen überraschend hellen Kontrast dazu herstellt. Sofern neue Bauteile eingesetzt werden mussten, sind diese perfekt angepasst und nicht als solche erkennbar. Das Restaurierungsprojekt wirkt harmonisch und in sich geschlossen, ohne neue Elemente aufzuweisen.

VOLKSRÄTE UND INVESTITIONSGRUPPEN

Um die vielfältigen Aufgaben in der Altstadt von Havanna zu bewältigen, sind Perla Rosales zufolge verschiedene „Volksräte" für die einzelnen Quartiere zuständig[15]. In Absprache mit diesen Räten bildete man 15 Projektsteuerungsgruppen (*Grupos de inversionistas*) mit durchschnittlich 12 bis 13 Experten und Expertinnen in jedem Bauleitungsteam. Die Teams setzen sich aus Architekten, Bauingenieuren, Elektrikern und Fachleuten (Männern und Frauen) zur Kostenkalkulation zusammen. 12 der 15 Projektsteuerungsgruppen werden von Frauen geleitet. Frauen stellen die Kontakte zu den Nachbarn her und sind die Stadtteilbürgermeisterinnen. Dabei handelt es sich, so Rosales, nicht um reine Bauprojekte; es geht nicht nur um die Restaurierung von Gebäuden, sondern auch um die Interessen der Anwohner, der Gemeinde, der Umwelt und der Stadt. Jede Projektsteuerungsgruppe reicht für jedes Bauvorhaben einen Vorschlag und einen Zustandsbericht ein. Dieser dient als Grundlage für den jährlich erneuerten Finanzierungsplan. Angrenzend an den historischen Stadtkern werden jedes Jahr 120 neue Wohnungen errichtet, um das Weltkulturerbe von Havanna mit seinen historischen Palästen retten zu können.[16]

Daneben sind die Büros der Gemeindearchitekten, in denen verschiedene Architekten und Architektinnen, Ingenieure und Ingenieurinnen arbeiten, für die Partizipation der Anwohner zuständig und ermitteln deren Bedürfnisse und Interessen, erklärt die Architektin Dolores Valdés, die selbst als Gemeindearchitektin tätig war, bevor sie bei der OHCH zu arbeiten begann.[17] Die Gestaltung öffentlicher Räume entsteht beispielsweise in Zusammenarbeit mit den Gemeindearchitekten. Ein gutes Beispiel für ein solches Zusammenwirken auf der Grundlage partizipatorischer Prozesse ist die Plaza del Cristo. Der Platz wurde unter der Führung des Architekten Orlando Inclán, Leiter der Stadtplanungsabteilung bei Restaura, neu gestaltet und 2017 fertiggestellt. Hier wurden die Interessen der Quartierbewohner

— 15 Vgl. Christine Heidrich, *Interview mit Perla Rosales*, Havanna, 2018, S. 3. — 16 Ebd., S. 3. — 17 Christine Heidrich, *Interview mit Dolores Valdés*, Havanna, 2018, S. 2.

Abb.101 Hotel Kempinkski, Ansicht Plaza Central

Abb.102 Apothekenmuseum

Abb. 103 Plaza del Cristo

bei der Planung intensiv mit einbezogen, und die rege Nutzung des Platzes, der mit einem WLAN-Hotspot sogar auswärtige Besucher anzieht, bestätigt dies. Der öffentliche Raum in der Altstadt von Havanna übernimmt oft die Funktionen eines privaten Lebensraumes. So wurden hier zahlreiche Sitzgelegenheiten, Schachbretter und Freiflächen für Verkaufsstände unter schattenspendenden Bäumen angelegt, und die Außenwand der angrenzenden Kirche dient als Projektionsfläche für ein Freilichtkino. Selbst der Sportunterricht der Grundschule findet auf dem Platz statt. Diese Besonderheit ist charakteristisch für Havanna. Öffentliche Räume – sogar die repräsentative Flaniermeile Paseo del Prado – werden auf vielfältige Weise mehrfach genutzt; dies trägt wesentlich zur Lebendigkeit der kubanischen Hauptstadt bei.

BAUAUFGABEN UND AUFTRAGGEBER VON RESTAURA

Wie Lohania Cruz, die stellvertretende Leiterin für technische Entwicklung und Produktion bei Restaura, erläutert, hat das Unternehmen die Aufgabe, „für staatliche Einrichtungen und Behörden Leistungen aus den Bereichen Architektur, Innenarchitektur und Stadtplanung zu erbringen. Staatliche Unternehmen erbringen keine Planungsleistungen für Einzelpersonen, das heißt, für die Bevölkerung. Für diese Aufträge sind die Büros der Gemeindearchitekten zuständig. Wir hingegen arbeiten nur für andere staatliche Firmen, denen die kubanische Regierung ein bestimmtes Budget für die Ausführung

von Bauvorhaben zuweist, seien es Neubau-, Restaurierungs-, Umbau- oder Sanierungsprojekte."[18] Restaura ist laut Cruz vor allem in Havanna tätig: „80 Prozent unserer Arbeit liegt in der Altstadt von Havanna, der Rest außerhalb des historischen Zentrums in derselben Provinz, an denkmalgeschützten Objekten."[19] Für Projekte wie Krankenhäuser oder bestimmte Verwaltungsgebäude sind in Kuba dagegen andere spezialisierte Architekturfirmen bzw. Architekten zuständig.

Doch es gibt in der stark verdichteten Altstadt auch einige Neubauprojekte, vor allem im Wohnungsbau, wie die mittlerweile nicht mehr bei Restaura arbeitende Architektin Aylin Posada berichtet: „Solche Chancen, wie an der Calle Lamparilla 64, wo ein mehrgeschossiges Wohnhaus in einer Baulücke errichtet wurde, sind bei uns stets willkommen."[20] Wie Perla Rosales weiß, geht es jedoch oft um Erweiterungen und Umbauten: „[...] alte Häuser, die bis auf wenige Jahre bewohnt waren, das heißt, es waren solares (eine Art Gemeinschaftswohnen mit privaten Bereichen)[21] oder Mietshäuser, die im Laufe der Zeit verschiedentlich umgenutzt wurden."[22] Doch trotz der fortschreitenden Sanierung herrschen in der Altstadt von Havanna noch immer prekäre Verhältnisse: „Mehr als 40 Prozent der Gebäude sind vom Einsturz bedroht; es gibt durchschnittlich drei Einstürze pro Tag, zum Beispiel Balkone oder ein Dach."[23]

DIE OHCH

Das Zuständigkeitsgebiet der OHCH in Havanna umfasst heute insgesamt 247 Hektar und erstreckt sich über die vier Gebiete Intramuros (Altstadtkern), Las Murallas (ehemalige Stadtmauer), Traditioneller Malecón (östlicher Teil der Uferpromenade) und Chinesisches Viertel.[24] Alleine der Altstadtkern wies im Jahr 2012 eine Bevölkerungsdichte von 259 Personen pro Hektar bei etwa 84.000 m² unbebauten Parzellen oder Ruinen auf.[25] Doch die Verwaltung des Kulturerbes dreht sich nicht nur um Gebäude und öffentliche Räume, sondern auch um soziale Fragen, Bildungs- und Gesundheitsprogramme

— 18 Christine Heidrich, *Interview mit Lohania Cruz*, Havanna, 2018, S. 2–3. — 19 Ebd., S. 3. — 20 Christine Heidrich, *Interview mit Aylin Posada*, Havanna, 2018, S. 2. — 21 *Solares* oder *cuarterías* (kubanische Begriffe, die nicht übersetzbar sind) bezeichnen eine Wohnungstypologie in Kuba: Mehrere Familien bewohnen ein Gebäude, das ursprünglich für eine einzige Familie errichtet wurde und durch nachträglich eingezogene Wände und manchmal sogar Decken in mehrere Abschnitte aufgeteilt ist. Jede Familie verfügt über ihren eigenen Wohn- und Schlafbereich, Räume wie Badezimmer oder Innenhöfe werden jedoch gemeinschaftlich genutzt. — 22 Heidrich, 2018 (wie Anm. 54), S. 2. — 23 Heidrich, 2018 (wie Anm. 67), S. 2–3. — 24 Vgl. Broschüre zum Aufgabenfeld von Plan Maestro, herausgegeben unter der Leitung von Patricia Rodríguez Alomá, URL: http://www.planmaestro.ohc.cu/recursos/papel/brochure/brochureger.pdf (08.01.2020); Plan Maestro (Hg.), *PEDI Plan Especial de Desarollo Integral 2030: La Habana Vieja*, Havanna 2016. — 25 Vgl. Plan Maestro (Hg.), *PEDI Plan Especial de Desarollo Integral 2030: La Habana Vieja*, S. 34 und 36.

Abb. 104 Paseo del Prado, Schulsport im Freien

sowie ein breites soziokulturelles Angebot, das auch touristische Interessen, Museen, Galerien und Konzertsäle mit einbezieht.

Zum Beispiel wurde im Stadtteil Santo Ángel 1999 ein soziokulturelles Projekt ins Leben gerufen, das auf die Initiative des Friseurs Gilberto Valladares („Papito") zurückgeht. Um das Friseur- und Barbierhandwerk vor dem Aussterben zu retten, hatte er die Idee, einen Ort zu schaffen, an dem man es öffentlich präsentieren, sich im Freien die Haare schneiden oder rasieren lassen kann. Es entstand ein originelles Stadtteilfest, *Santo Ángel por dentro* (Santo Ángel im Inneren). Neben Modenschauen und Skulpturen von Bildhauern steht dabei aber nicht nur das Friseurhandwerk im Rampenlicht, sondern auch die Architektur: Während verschiedene Kunstschaffende, Handwerker und Handwerkerinnen ihr vielfältiges Können präsentieren, kann man sogar mit Historikern, Historikerinnen und anderen Fachleuten (von der OHCH) über die Stadtgeschichte diskutieren. Dass so nicht nur das Leben im Quartier aktiviert, sondern quasi nebenbei das Bewusstsein der Anwohner für ihre historische Umgebung und deren Wert geschärft wird, ist innovativ.[26] Dieses gelungene interdisziplinäre Zusammenwirken zeigt, wie aufgeschlossen man bei der OHCH für Partizipation in der Stadtplanung ist.

Nicht zuletzt geht das soziale Engagement dieser Institution auch auf die Frauen der OHCH zurück, die in Havanna ein hohes Ansehen genießen: „In unserem Projekt gibt es etwas sehr Wichtiges, das er [Leal] uns immer wieder sagt: ‚Ihr müsst rausgehen zu den Leuten und an ihre Türen klopfen, nicht als Architektinnen, sondern als Mütter, so könnt ihr die Anwohner erreichen.' Frauen haben immer dieses gewisse Etwas, dieses Gespür als Mütter von Familien, die Solidarität mit den älteren Anwohnern des Historischen Zentrums, mit der alten Frau, die immer noch arbeitet, mit behinderten Kindern. So bittet Leal uns immer, die Probleme mit den Augen und dem Herzen einer Mutter zu betrachten, noch tiefer zu gehen und die höchste Qualität anzustreben. Ich glaube, in dieser Hinsicht haben Frauen einen Vorteil. [...] wir haben viel Armut in der Altstadt, die es noch zu lösen gilt. Manche Menschen brauchen nur sehr wenig, doch man muss sie anhören, sonst findet man nicht heraus, was das ist."[27]

Mittlerweile erzielen in Kuba viele Frauen in verantwortungsvollen Positionen ein höheres Einkommen als ihre Lebenspartner. Damit sind sie zu einem wichtigen Wirtschaftsfaktor in den Familien geworden.[28] Im Zivilverwaltungssektor waren in Kuba im Jahr 2008 mehr als 46 Prozent Frauen beschäftigt,[29] in Führungspositionen waren es 39 Prozent und unter den Fachkräften und Technikern sogar 65 Prozent.[30] Nach Angaben von Women in National Parliaments der Interparlamentarischen Union liegt Kuba auf unterer Regierungsebene seit März 2018 sogar mit einem Frauenanteil von 53,2 Prozent weltweit an zweiter Stelle.[31]

— **26** Vgl. Martha Oneida Pérez Cortés / Maidolys Iglesias Pérez, *Patrimonio y ciudadanía. Experiancias de participación en La Habana Vieja*, Havanna 2014, S. 60 – 67. — **27** Heidrich, 2018 (wie Anm. 67), S. 3. — **28** Christine Heidrich, *Interview mit Perla Rosales*, Havanna 2018, S. 8. — **29** Statistiken und Angaben zur Frauenorganisation FMC in Kuba, URL: http://www.eurosur.org/FLACSO/mujeres/cuba/orga-8.htm (20.02.2019). — **30** Vgl. Angaben des Nationalen Statistikamts zur Beschäftigung der Frauen in Kuba, URL: http://www.one.cu/publicaciones/coleccionestadisticas/Mujeres%20y%20EMPLEO.pdf (17.06.2019). — **31** In Europa liegt Schweden an fünfter Stelle, von den deutschsprachigen Ländern ist Österreich auf Rang 27, die Schweiz auf Rang 37 und Deutschland auf Rang 47, vgl. URL: http://archive.ipu.org/wmn-e/classif.htm (17.06.2019).

Abb. 105 Paseo del Prado gegenüber dem Kapitol

Abb. 106 Paseo del Prado

NACHWUCHS UND ZUKUNFT DER OHCH

Die dynamische Institution wird den Aufgaben laufend angepasst, und wie Perla Rosales berichtet, steht eine weitere Erneuerung bereits an: „Wir müssen jetzt eine neue Generation junger Frauen ausbilden […]. Ich bin 56 Jahre alt. In vier Jahren werde ich 60 und kann mich zur Ruhe setzen. Viele von uns sind ungefähr im gleichen Alter […]. Wie wird es dann sein, welches Team wird in fünf Jahren mit den Projekten weitermachen? Diese Aufgabe haben wir bereits in Angriff genommen, um zu sehen, wer diese Frauen sind – es sind praktisch nur Frauen […]. Wir sind jetzt schon damit beschäftigt, damit wir fünf Jahre Zeit haben, um sie einzuarbeiten […].“[32]

Vom Büro des Stadthistorikers in Havanna wurde bereits 2017 eine Gruppe von 40 Personen im Alter zwischen 23 und 25 Jahren zusammengestellt, um in der Institution eine Ausbildung zu machen. Um den potenziellen Nachfolgern einen umfassenden Einblick in die OHCH zu vermitteln, führte man sie in alle Bereiche ein, von der Projektplanung bis zu den Baustellen:

„Wir bildeten eine Gruppe von Mitarbeitern, die [den jungen Leuten] das Büro von innen zeigte […]. Das war ein enormer Erfolg. […].“[32] Von diesen Auszubildenden wurden 21 ausgewählt, wie Perla Rosales weiter erklärt. Dass zwei Drittel von ihnen Frauen sind, zeigt, dass die jungen Architektinnen besonders viel Interesse und Potenzial für die Arbeit mitbringen: „Die jungen Frauen reden viel, sie wollen viel wissen. Die Männer sind so still, man muss sie anstacheln, man muss sie schubsen, man muss herausfinden, was sie denken. Am Schluss packen die jungen Frauen zu; sie kämpfen sich durch, werden auch einmal laut, wenn nötig, und man merkt, dass sie sich integriert haben. Das ist die Zukunft dieser Institution. […] Die Männer suchen auch nach anderen Wegen. Die Frau bleibt, sie verliebt sich in die Restaurierung. […] In diesem Jahr haben wir schon mal diese 21 jungen Leute, aber wir haben bereits mit 40 weiteren angefangen. Es ist beeindruckend, wie die Unterschiede zwischen Frauen und Männern hier sind, die Mädchen sind viel mutiger.“[34]

— **32** Heidrich, 2018 (wie Anm. 67), S. 2–3. — **33** Ebd. — **34** Ebd.

Architektur in Havanna seit den 1990er-Jahren

Aus:
*Havanna. Architektur der
kubanischen Revolution 1959–2018*

María Victoria Zardoya Loureda[1]

> Die unglaubliche Fülle von Säulen in einer Stadt, die ein wahrer Säulenstapelplatz, ein Säulenwald, eine endlose Kolonnade geworden ist, die letzte Stadt, die Säulen in einer solchen Überfülle besitzt.

Alejo Carpentier[2]

In sämtlichen Forschungen zur Architektur der Revolution finden sich ein Vorher und ein Nachher im Zusammenhang mit dem Untergang des ehemaligen sozialistischen Lagers, als die Beziehungen zu den osteuropäischen Ländern, mit denen die kubanische Wirtschaft eng verbunden war, abbrachen. Die schlagartige Auflösung dieser Beziehungen führte zu einer schweren Krise auf allen Ebenen mit gravierenden Auswirkungen auf die Ernährung und die Deckung der Grundbedürfnisse, einschließlich längerer Unterbrechungen der Stromversorgung. Der öffentliche Verkehr brach praktisch zusammen, und der Bau von Dutzenden Gebäuden wurde gestoppt. 1992 erhielt Kuba weniger als ein Zehntel des Öls, das ihm 1989 zur Verfügung gestanden hatte. Das Land erlebte einen Entbehrungszustand, der sonst für Kriegszeiten typisch ist und deshalb „Sonderperiode" in Friedenszeiten genannt wird.

In diesem Umfeld brach die innerstädtische Regulierung zusammen, und in der Folge kam es zu einer ausgeprägten städtebaulichen Disziplinlosigkeit. In Havanna haben sich keine großen sogenannten informellen Siedlungen entwickelt, von denen die meisten lateinamerikanischen Großstädte umgeben sind, aber es ist eine Informalisierung der formalen Stadt festzustellen, vor allem als Folge der damaligen Undiszipliniertheit, die sich in unsachgemäßen Umzäunungen, der Schließung von Toren, Anbauten, welche die Ausrichtung von Fassaden beeinträchtigten, illegaler Landaneignung und vielen anderen bedauerlichen Eingriffen niederschlägt.

Die Wirtschaftskrise wirkte sich auch auf Bauvorhaben aus. Der Tourismussektor gewann wesentlich an Bedeutung, als eine der wichtigsten Möglichkeiten zur Restaurierung. 1994 wurde das Tourismusministerium MINTUR gegründet, was die Bedeutung dieses Tätigkeitsfelds als Einkommensquelle unterstreicht.[3] Eine weitere Option trat in den Vordergrund: die Entwicklung neuer Handelsbeziehungen, die es erforderlich machten, 1993 den Dollar zu entkriminalisieren und Gesetzesverordnungen zur Reorganisation des Bankensystems und zur Eröffnung von Wechselstuben zu erlassen. Darüber hinaus wurde 1995 ein Gesetz zur Genehmigung ausländischer Investitionen verabschiedet, ebenso wie weitere Gesetzesverordnungen zur Schaffung von Märkten für landwirtschaftliche Erzeugnisse, industrielle und handwerkliche Produkte sowie Freihandelszonen mit Änderung des Zollgesetzes.

Mit dem Aufkommen der Basiseinheiten der landwirtschaftlichen Produktion führte man auch neue Unternehmensformen ein, und die Organe der staatlichen Zentralverwaltung wurden neu strukturiert, begleitet von Anpassungen im Wirtschafts- und Raumplanungsprozess. Im Rahmen dieser Wirtschafts- und Steuerreform der 1990er-Jahre wurde ein Steuergesetz verabschiedet und der Peso Cubano Convertible (CUC) eingeführt.

Auf dieser Grundlage entstanden neue Architekturaufträge, zum Beispiel für die Infrastruktur, die zur Pflege dieser neuen Wirtschaftsbeziehungen notwendig waren: Bürogebäude, Banken, große Marktplätze und Wohngebäude. Schließlich kam noch ein dritter Rettungsplan hinzu: die Sanierung des historischen Zentrums, die sich auf das wirtschaftliche Potenzial des architektonischen Kulturerbes stützt. So rückten während den Krisenjahren in der Sonderperiode die

— 1 Auszug aus dem Beitrag: María Victoria Zardoya Loureda, La Habana, in: Manuel Cuadras (Hg.), *La Arquitectura de la Revolución Cubana 1959–2018*, Kassel 2018, S. 28–33, mit freundlicher Genehmigung der Autorin und des Herausgebers. — 2 Alejo Carpentier, „Die Stadt der Säulen", in: ders., *Mein Havanna*, Zürich 2000, S. 108. — 3 Im Jahr 2002 wurde der berufsbegleitende Bachelor-Abschluss in Tourismus eingeführt und ab dem Jahr darauf als regulärer Tageskurs angeboten.

Arbeiten für Tourismus, Handel und Restaurierung in den Mittelpunkt. [...]

WIEDERHERSTELLUNG DES KULTURERBES

Das Interesse an der Rettung und Wertschätzung des Kulturerbes von Havanna begann in den ersten Jahrzehnten des 20. Jahrhunderts, als die Plaza de Armas und die Plaza de la Catedral unter der Leitung der Firma Govantes y Cabarrocas beziehungsweise von Luis Bay Sevilla umfassend renoviert wurden und man dafür kämpfte, den Abriss wertvoller Gebäude aus der Kolonialzeit zu verhindern. Weitere Schritte in diese Richtung waren die Schaffung der Position des Stadthistorikers im Jahr 1935, die Emilio Roig de Leuchsenring übernahm, die Veröffentlichung des Textes *La arquitectura colonial cubana* von Professor Joaquín Weiss[4] im Jahr 1936 und die Gründung einer Nationalen Kommission für Denkmäler, Gebäude und historische und künstlerische Stätten im Jahr 1940. Unabhängig davon, dass man nur noch über das Erbe der Denkmäler sprach und dass einige Maßnahmen hinsichtlich der Authentizität aus heutiger Sicht fragwürdig sein mögen, wurde ein wichtiger Weg zur Aufwertung der historischen Stadt beschritten. Doch es war noch ein langer Weg, denn noch bis in die 1970er-Jahre hielt sich die Idee, dass man den Großteil des traditionellen Baubestands durch moderne und hygienische Gebäude ersetzen würde, die als hochverdichtete Kerne angeordnet sein sollten und das ursprüngliche Stadtgefüge verändert hätten.

Nach dem Tod von Roig de Leuchsenring im Jahr 1967 übernahm der Historiker Eusebio Leal dessen Nachfolge als Leiter des Büros des Historikers, das sich zunächst damit befasste, historische Dokumentationen und Sammlungen zu erstellen und die Restaurierung des Kulturerbes zu unterstützen, obwohl nur wenige dessen Wert oder wirtschaftliches Potenzial erkannten. Die Rechtsgrundlage zum Schutz des Kulturerbes bildeten die Gesetze Nr. 1 zum Kulturerbe und Nr. 2 zu nationalen und regionalen Denkmälern der 1976 verabschiedeten neuen Verfassung der Republik. Die Verordnung zu deren Umsetzung wurde 1979 erlassen, und man startete eine nationale Kampagne zum Thema; sie begann bei den historischen Zentren mit ihren ursprünglichen Häusern, welche die Spanier in Kuba errichtet hatten und wo traditionelle, sehr vitale innerstädtische Lebensräume trotz ihres Verfalls erhalten geblieben waren, im Gegensatz zu den Urbanisierungen, die nach Vorbildern der Moderne entstanden waren – weit abgelegen und mit unzureichenden öffentlichen Räumen.

1978 wurde das historische Zentrum der neu ernannten Provinz Havanna zum Nationaldenkmal erklärt. Das Büro des Historikers begann in der Calle Oficios und Calle Obispo Arbeiten durchzuführen, die der Stadt neue Kultur- und Freizeiteinrichtungen für die Bevölkerung zur Verfügung stellten und das Restaurierungspotenzial aufzeigten. Ebenso wurde 1982 das Nationale Zentrum für Restaurierung und Museologie (CENCREM) ins Leben gerufen, eine vom Kulturministerium unter der Leitung von Isabel Rigol und Luis Lápidus gegründete

Einrichtung, die auf Forschung, Lehre, technische Beratung und die Vorbereitung von Sonderprojekten im ganzen Land sowie auf die Förderung der regionalen Zusammenarbeit spezialisiert war.[6] Das CENCREM war auch für andere wichtige Restaurierungsmaßnahmen in der Altstadt, wie das Castillo de la Real Fuerza und das Kloster Santa Clara zuständig, wo es bis zu dessen Schließung 2012 seinen Sitz hatte.

Die Aufnahme der Altstadt von Havanna und ihres Befestigungssystems in die Liste des Weltkulturerbes im Jahr 1982 war zweifellos ein Wendepunkt im Hinblick auf die Einstellung zum Kulturerbe in Kuba. Die damit verbundene internationale Anerkennung förderte die lokale Sensibilisierung zu diesem Thema. Die Rettungsarbeiten für das Kulturerbe wurden intensiviert, doch es ging nur langsam voran. Am Höhepunkt der kritischen Phase in der Sonderperiode wurde dann im Jahr 1993 das Dekret 143 verabschiedet. Dieses räumte dem Büro des Stadthistorikers von Havanna besondere Befugnisse für Planung, Verwaltung und Investitionen ein und ermöglichte, dass die im historischen Stadtzentrum von Havanna erzielten Einnahmen dort wieder investiert werden konnten. Aufgrund dieser Sonderrechte war es möglich, das Tempo der Baumaßnahmen zu beschleunigen. Im folgenden Jahr wurde ein Verwaltungssystem eingerichtet, um das Potenzial an Hotels zu nutzen, auszubauen und dessen finanzielle Absicherung durch die Firma Habaguanex zu gewährleisten, und es wurde die für die Altstadt von Havanna zuständige Institution Plan Maestro geschaffen, die für die Planung und Verwaltung der denkmalgeschützten Zone zuständig ist.

Unter den vielen erfolgreichen Restaurierungsarbeiten ist der Umbau der Plaza Vieja[7] ein Vorzeigeprojekt unter den im historischen Stadtzentrum durchgeführten Baumaßnahmen. Dies bezieht sich sowohl auf die theoretischen Fortschritte als auch auf die Restaurierungstechniken und -materialien bis hin zu Projekten der internationalen Zusammenarbeit, vor allem jedoch auf die vom Büro des Historikers im Kulturmanagement und in der Kulturverbreitung angewandten Methoden. In all diesen Bereichen sammelte man Erfahrungen, sodass mittlerweile ein multifunktionaler Raum entstanden ist, der sich vor allem auf Kultur und Dienstleistungen ausrichtet.

Die Gründung der Werkstattschule Gaspar Melchor de Jovellanos im Jahr 1992 mit dem Ziel, Personal für die bei den Restaurierungsmaßnahmen anfallenden Tätigkeiten auszubilden, von denen viele so gut wie vergessen sind, war für die Rettung des architektonischen Erbes von grundlegender Bedeutung. Mit dem gleichen Ziel, jedoch berufsbezogen, öffnete das Universitätskollegium San Gerónimo als Fachbereich der Universität von Havanna im Studienjahr 2007–2008 seine Tore. Für die Mitarbeiter der OHCH wird dort ein Weiterbildungsstudiengang in Denkmalpflege und Verwaltung des kulturhistorischen Erbes angeboten.

Gleichzeitig errichtete man mit dem Bau von Hotels im Küstenstreifen der Hauptstadt in der Altstadt und den angrenzenden Gebieten zahlreiche alternative Unterkünfte, eine Art Hostels mit Privatcharakter. Dies geschah im Zuge der Restaurierung alter Herrenhäuser – wie Valencia, Comendador, Condes de Villanueva, Florida, Beltrán de Santa Cruz, Armadores de Santander oder Conde Santovenia – sowie im Zuge der Sanierung, Modernisierung und Erweiterung von Gebäuden, die

— **4** Anm. C. H.: Vgl. Joaquin Weiss y Sánchez, *La arquitectura colonial cubana,* Havanna 1936. — **5** Vgl. Isabel Rigol, „La recuperación del patrimonio monumental en Conservación de centros históricos en Cuba", in: Lourdes Gómez Consuegra / Olimpia Niglio (Hg.), *Essempi di Architettura,* Nr. 32, Bd. 1, Ariccia 2015, S. 35-60. — **6** Vgl. Francisco Gómez Díaz u. a., *La Plaza Vieja de La Habana. El proceso de recuperación,* Sevilla 2011.

Abb. 109 Hotel Plaza

ursprünglich als Hotels errichtet worden waren, wie Ambos Mundos, Telégrafo, Saratoga, Plaza oder Raquel, sowie Hotelneubauten. Obwohl das Büro des Historikers für die meisten dieser Baumaßnahmen verantwortlich war, wurden einige auch von anderen Institutionen durchgeführt, wie das Hotel Parque Central, das im November 1998 seinen Betrieb aufnahm. [...] Die Bauvorhaben der OHCH beschränken sich jedoch nicht nur auf Projekte innerhalb der ehemaligen Stadtmauer. Ihre Arbeiten erstrecken sich bis auf den Paseo del Prado und dessen Umgebung sowie auf den Bereich des sogenannten Traditionellen Malecón (Uferpromenade von Havanna). Derzeit beschäftigt sich das Büro des Historikers damit, die Wiederherstellung des Kapitols zu planen und durchzuführen, damit es wieder als Sitz der Nationalversammlung dienen kann. Eine so komplexe Restaurierung wie diejenige dieses symbolträchtigen Gebäudes, die auf dem größtmöglichen Respekt vor dem Wert der unbeweglichen und beweglichen Kulturgüter basiert und zu herausragenden Ergebnissen geführt hat, veranschaulicht die von der OHCH erreichte Qualität.

Diese Restaurierungsarbeiten und -erfolge waren sowohl Ursache als auch Wirkung eines Bewusstseins für den Wert des Kulturerbes – einer geografischen und zeitlichen Erweiterung der als wertvoll eingestuften Kulturgüter, die sich vielfach niederschlug: zum einen in der Schaffung nationaler Ortsgruppen bedeutender internationaler Institutionen dieses Fachgebiets – wie unter anderem ICOMOS Kuba und ICOM Kuba Anfang der 1980er-Jahre, DOCOMOMO im Jahr 2002, dem

Lehrstuhl Gonzalo de Cárdenas im Jahr 2003 und dem Komitee zur Erhaltung der Industriedenkmäler in Kuba, TICCIH Kuba, im Jahr 2016 – und zum anderen in der Organisation nationaler und internationaler Veranstaltungen und in Forschungen und Publikationen zu diesen Themenfeldern. Ebenso entwickelte man eine sukzessive Ausbildung der Fachkräfte in diesen Bereichen. Der Masterabschluss in Denkmalpflege, der seit 1993 an der Architekturfakultät der CUJAE in Zusammenarbeit mit dem CENCREM angeboten wird, war eines der wegweisenden Programme in diesem Zusammenhang.

Die Auszeichnungen, die der Nationale Rat für Denkmalpflege seit 2003 am 18. April, dem Internationalen Tag der Denkmäler, verleiht – dazu zählen die Nationalen Preise für die Konservierung und Restaurierung von Denkmälern sowie die Auszeichnungen von ICOMOS Cuba, dem Lehrstuhl Gonzalo de Cárdenas, DOCOMOMO Cuba und der UNAICC –, haben zum Schutz von Bauwerken und wertvollen Ensembles im ganzen Land beigetragen. Besonders hervorzuheben sind unter anderem die im Jahr 2015 vergebenen Auszeichnungen für die Renovierung des Martí-Theaters unter der Leitung von Marilyn Mederos.

HAVANNA IM 21. JAHRHUNDERT

Nach einer geringfügigen Anpassung der politisch-administrativen Aufteilung des Landes, die vor allem die westliche Region betraf, wurde der Name der kubanischen Hauptstadt im Jahr 2011 neu bestätigt: Die ehemalige Provinz Havanna wurde unterteilt, und es wurden zwei neue geschaffen, Artemisa und Mayabeque, während die Grenzen der Provinz Pinar del Río weiter nach Westen verschoben wurden. Daher wurde die Region Havanna Stadt in Havanna umbenannt.

Der Vorrang, den man touristisch relevanten Bauprojekten und Gebäuden mit gewerblichen Nutzungen als Folge der sogenannten Sonderperiode eingeräumt hatte, war in den 1990er-Jahren für den Rückgang der Bauinvestitionen in anderen Bereichen verantwortlich. Das führte zur Auflösung der für die Forschungs- und Bauprojekte der sogenannten Sozialbauten zuständigen Arbeitsgruppen, die bis Anfang der 1990er-Jahre

— 7 Alexis Rouco Matamoros Mabel / René Gutiérrez, „La nueva arquitectura de edificios públicos y los procesos de transformación de las ciudades cubanas", in: *Arquitectura y Urbanismo, La Habana*, Bd. XXXVII, Nr. 3, Sept.–Dez. 2016, S. 45–65, URL: http://rau.cujae.edu.cu/index.php/revistaau. — 8 Politische Aktion der Kubanischen Revolution auf der Grundlage einer Ethikdiskussion zur Wahrung ihrer Erfolge, die in verschiedenen Gesellschaftsbereichen von Programmen, vor allem mit Bildungscharakter, begleitet wurde, um die Bildungsmöglichkeiten für das kubanische Volk zu erweitern und den Zugang zur Kultur zu verbessern. — 9 Anm. C. H.: die Annäherungen zwischen Kuba und den USA ließ Donald Trump wieder rückgängig machen, und das Embargo wurde verschärft. — 10 Alejo Carpentier, „Havanna aus der Sicht eines Touristen", in: ders., *Mein Havanna*, Zürich 2000, S. 37.

von so großer Bedeutung waren.[8] Anfang 2000 wurden im Rahmen der „Batalla de Ideas" (Schlacht der Ideen)[9] einige Programme wiederbelebt, um die Sanierung von Krankenhäusern, Polikliniken, Gesamtschulen und andere Bauvorhaben zu koordinieren, ebenso wie die Sanierung von Gebäuden zur Unterbringung der Infrastruktur für dieses Programm. [...]

Auch wenn es sich nicht um einen Neubau handelt, ist die Fábrica de Arte Cubano, die von dem Musiker X Alfonso unterstützt wird, zu einem positiven Vorzeigebeispiel im Kulturbereich geworden. Dieses Zentrum eröffnete im Februar 2014 in einem ehemaligen Umspannwerk, das später als Speiseölfabrik genutzt worden war. Nachdem es etliche Jahre brachgelegen hatte, baute man es zu einer multifunktionalen Galerie mit verschiedenen Kunstveranstaltungen und regem öffentlichem Austausch um.

Abb. 110 Fábrica de Arte, Dachgarten

NEUE SZENARIEN

[...] Die Besuche von Papst Benedikt XVI. im März 2012 und von Papst Franziskus im September 2015, die Wiederaufnahme der diplomatischen Beziehungen zu den Vereinigten Staaten im Dezember 2014 nach mehr als fünf Jahrzehnten Unterbrechung und der Besuch von US-Präsident Barack Obama im März 2016 zeigen deutliche Veränderungen in den internationalen Beziehungen Kubas.[10] Auch 2016 gab es neue Ereignisse, die vielleicht keinen direkten Bezug zum Bauwesen aufweisen mögen, diesem jedoch nicht fremd sind und auf ein internationales Interesse an Havanna sowie auf eine nationale Öffnung für ungewöhnliche Veranstaltungen hinweisen, die vor einigen Jahren noch undenkbar gewesen wären: Die Rolling Stones boten ein vielfältiges Konzert in Havanna, an dem mehr als eine Million Menschen teilnahmen und das international große Beachtung fand. Im selben Monat April wurde ein Teil des vierten Films der Reihe *The Fast and the Furious* in Havanna gedreht, und im folgenden Monat war der Paseo del Prado Schauplatz einer glamourösen Chanel-Modenschau – Veranstaltungen, die der kubanischen Hauptstadt eine größere Medienpräsenz verschafft haben.

In Havanna gibt es sehr viele Touristen, und das bedeutet eine Art Wohlstand für Wirtschaftszweige, die in irgendeiner Form mit dem Tourismus zu tun haben, sei es staatlicherseits oder durch private Tätigkeiten wie Zimmervermietung, Transport oder Dienstleistungen. In einigen Stadtteilen, vor allem am nördlichen Küstenstreifen, werden etliche Gebäude instandgesetzt und renoviert, und neue werden von privaten Investoren gebaut – geplant von kleinen Architekturbüros, die zwar offiziell nicht zugelassen sind, in der Praxis aber funktionieren. Dies hat zur Erweiterung unterschiedlicher Vermietungsmöglichkeiten an Ausländer geführt; zahlreiche Restaurants, Cafés, Eisdielen und andere gastronomische Einrichtungen wurden eröffnet, einige davon hoch spezialisiert. Das Angebot umfasst Massagen, Friseursalons, Fitnessstudios, Kostümverleihe, Fotostudios und vieles mehr. Auf diese Weise sind gut gestaltete Bauwerke entstanden – positive und nachahmenswerte Beispiele, die das architektonische Niveau steigern und die es bis vor kurzem nicht gab. Sie setzen der bedauerlichen Verbreitung äußerst mangelhafter Kopien in der Hotel- und Wohnungsarchitektur der letzten Jahre – sowohl lokal als auch regional – als überzeugende Referenzobjekte etwas entgegen; und obwohl ihre Auswirkungen noch nicht sichtbar sind, geben sie Anlass zur Hoffnung. [...].

Restaurierung von Wandmalereien in Havanna – eine Stärke der Frauen

Austauschprogramm Kuba-Schweiz
Peter Widmer

Drei Sorten von Geschäften haben in Havanna für die Verbreitung der Wandmalerei gesorgt: Cafés, Geflügelhandlungen und Lebensmittelgeschäfte.

Alejo Carpentier[1]

Seit 1999 organisierten wir drei Workshops zu je drei Wochen Dauer im Gebiet der Konservierung und Restaurierung historisch bedeutender Bauten in der Altstadt von Havanna. In der Karibik gibt es kaum eine andere Stadt mit einem derartigen Reichtum an Fassaden- und Wandmalereien. In den Ländern der Karibik sind viele historische Dekorationsmalereien an Fassaden und Interieurs erhalten geblieben – in Kuba insbesondere in Havanna und Trinidad.

WANDMALEREIEN IN HAVANNA

Weil das feuchte Klima das Tapetenkleben schwierig machte, standen in Havanna früher Fassaden- und Wandmaler hoch im Kurs. Ein gutes Auskommen fanden deshalb Akkordgruppen von Malern, die fähig waren – praktisch gleich schnell wie Tapezierer –, die Wände mit Dekorationen zu verschönern. Wechselte der Eigentümer des Gebäudes oder änderte sich die Mode, dann wurden die bestehenden Muster einfach mit dem übermalt, was gerade „en vogue" war. Havanna war eine reiche Handels- und Zentrumsstadt, deren Bewohner durchaus über die Mittel verfügten, alle paar Jahre die Wände zu überstreichen. In einem Gebäude haben wir sogar einmal 35 Malschichten übereinander festgestellt und freigelegt. Die Entscheidung, was gereinigt, hervorgeholt und gestärkt werden soll, ist nicht einfach. Wie kann man diesen malerischen Schatz erhalten und präsentieren?

Das historische Zentrum von Havanna und das System der zugehörigen Befestigungsanlagen sind seit 1982 auf der Liste der Weltkulturgüter der UNESCO. Die Altstadt besteht aus circa 3.500 Gebäuden, darunter viele historisch bedeutende Bauten, die von etwa 70.000 Personen bewohnt werden. Die Bevölkerungsdichte in den grundsätzlich schlecht erhaltenen Gebäuden ist enorm, und ihre Wandmalereien sind aufgrund der Überbevölkerung sowie durch die fortwährenden Nutzungswechsel und die damit verbundenen unqualifizierten Renovierungsarbeiten gefährdet.

Der kubanische Staat ist sich zwar bewusst, dass das reiche Erbe an Fassaden- und Wandmalereien unbedingt erhalten werden sollte, und die Behörden schenken der historischen Wandmalerei in den Restaurierungsprojekten durchaus gebührende Beachtung. Im Bewusstsein der Bevölkerung ist die Bedeutung der Wandmalereien allerdings nicht wirklich präsent. Oft will man sie auch gar nicht wahrnehmen, um sich im eigenen Haushalt deswegen nicht einschränken zu müssen. Es kommt oft vor, dass man in die aus klimatischen

Gründen verschwenderisch hoch gebauten Räume einfach einen Zwischenboden einzieht, um die Wohnfläche zu verdoppeln. Bei einem zwar staatlich garantierten, aber sehr geringen durchschnittlichen Monatseinkommen von etwa 30 Schweizer Franken ist es zudem nicht verwunderlich, dass nur das Nötigste repariert wird und solche Arbeiten kaum von Spezialisten ausgeführt werden. So geht ständig historische Substanz verloren, ohne dass sich die Bewohner dessen bewusst sind. Wenn es um einen besseren Wohnkomfort geht, dann wird eben übermalt, und um Leitungen zu verlegen, werden Wände aufgespitzt – ohne Rücksicht auf vorhandene Wandmalereien.

Die Wandmalereien in Havanna sind untrennbar mit der Architektur und dem historischen Gedächtnis der bis heute dynamischen und sich entwickelnden Stadt verbunden; leider gibt es jedoch in Kuba generell zu wenige Fachleute und zu wenig Mittel, als dass die bedauerliche Entwicklung zu Lasten des kulturellen Erbes vollständig gestoppt werden könnte. Vor dem Zusammenbruch der ehemaligen Sowjetunion Anfang der 1990er-Jahre hatte Kuba von immensen Unterstützungszahlungen profitiert. Als die russische Hilfe abrupt versiegte, durchlebte Kuba eine Wirtschaftskrise, von der es sich jahrelang nicht mehr erholte. So ist es verständlich, dass die ohnehin knappen Mittel kaum mehr in den Restaurierungsbereich flossen.

Im Rahmen des Möglichen können Maßnahmen jedoch an die Rahmenbedingungen bei einzelnen Objekten angepasst werden. Die Entdeckung einer Wandmalerei bedeutet somit nicht immer deren Restaurierung; eine neuentdeckte Malerei kann man beispielsweise mit einem reversiblen Material bedecken, sollte eine Restaurierung aus finanziellen oder nutzungsbedingten Gründen vorerst nicht möglich sein.

DAS PROBLEM

Kuba verfügt über sehr gut ausgebildete Spezialisten auf Fachhochschul- oder Universitätsniveau, darunter sind sehr viele Frauen. Bauarbeiten werden jedoch

— 1 Alejo Carpentier, „Havanna aus der Sicht eines Touristen", in: ders., *Mein Havanna*, Zürich 2000, S. 37.

Abb. 111 übereinanderliegende
Dekorationsmalereien

auch mangels eines dualen Ausbildungssystems, wie es beispielsweise in der Schweiz existiert, oft von angelernten Kräften ausgeführt, was in der Regel qualitative Mängel in der Ausführung der Bauarbeiten zur Folge hat. So wird bei Renovierungsprojekten häufig Zement als Bindemittel für Putze und Glattanstriche verwendet, der sich für die Restaurierung historischer Gebäude, die vor Mitte des 19. Jahrhunderts errichtet wurden, schlecht eignet. In der Praxis werden auch moderne Produkte eingesetzt, allerdings oft ohne die entsprechende Praxiserfahrung, was sich selten zum Vorteil des Baudenkmals auswirkt.

Das Eindringen von Wasser oder Feuchtigkeit in die Strukturen der Baudenkmäler aufgrund undichter Dächer oder auch wegen der Kanalisationsleitungen, die in einem schlechten Zustand sind, ist in Havanna das größte Problem. Feuchte Stellen werden dann oft mit modernen, dichtenden Materialien abgedichtet. Die durchfeuchteten Strukturen suchen ihren Ausgleich mit der Umgebungsluft immer über die schwächsten Oberflächenschichten. Das sind die Zonen der Wandmalerei. Dadurch akzentuiert sich der Zerstörungsprozess an der Malschicht, weswegen man die auf Kalk oder Gips aufgebrachten Dekorationsschichten oft in abgeblättertem Zustand vorfindet.

WANDMALEREI ALS INTEGRALER TEIL DER ARCHITEKTUR

Ein Ziel unserer Workshops war es, die Bedeutung der Wandmalerei als Teil der Architektur bewusst zu machen. Die Kubaner betrachten eine Wandmalerei oft als ein bewegliches Kulturgut, wie ein Bild. Dementsprechend wird es als isoliertes, zu restaurierendes Objekt behandelt. Dem Schweizer Team ging es darum, die gegenseitige Beeinflussung von Malschicht und Untergrund bis hin zum Maueraufbau und den Umweltaspekten

bewusst zu machen und auch aufzuzeigen, wie sich der technische Zustand des Kunstobjekts in Abhängigkeit von den Unterhaltsmaßnahmen am Gebäude verändern kann. Es sollte ein integrierender Ansatz vermittelt werden, um die Fassaden- und Wandmalerei als Teil eines größeren Ganzen zu verstehen.

DIE METHODE

Basiswissen im Bereich der Restaurierung von historischen Mörteln, Verputzen, Natursteinwerken, Wandmalereien und das zugehörige Training vermittelt man prinzipiell am besten durch eine direkte handwerkliche Erfahrung. Wir wollten einen praxisorientierten Beitrag zum Erhalt dieses einmaligen kulturellen Erbes leisten. Zusammen mit einer Gruppe Schweizer Spezialisten wurden in Zusammenarbeit mit kubanischen Fachleuten Maßnahmen zum Schutz und Erhalt der Fassaden- und Wandmalereien diskutiert und in der Praxis ausgeführt. Wir wollten in Kuba nicht als allwissende Lehrer oder Professoren auftreten. Es ging nicht um Entwicklungshilfe als Einbahnstraße, sondern um den gegenseitigen Austausch von Erfahrungen.

WIEDERBELEBUNG TRADITIONELLER TECHNIKEN IN DER RESTAURIERUNG

Der Fortschrittsglaube der 1970er-Jahre brachte unter anderem viele neue Baumaterialien hervor, die dann auch bei Restaurierungen Verwendung fanden. In der reichen Schweiz und anderswo wurde großzügig damit experimentiert. Heute macht man Restaurierungen mit Materialien, die sich als nicht kompatibel erwiesen haben, teilweise wieder rückgängig. Bei den Kunstwerken in der Altstadt von Havanna hingegen wurde aus Geldmangel bestenfalls konserviert statt restauriert. Baudenkmäler möglichst mit den ursprünglich angewendeten Techniken und Materialien wieder instand zu stellen, ist generell die geeignetste Methode, um eine größtmögliche Kompatibilität der Intervention zu erreichen. Auch für den späteren Unterhalt erweist sich diese Vorgehensweise als wirtschaftlichste Methode. Eingriffe wie Verfestigungen, Reinigungen und Wiederherstellungen sollten auf das absolut Notwendige beschränkt bleiben, um Verluste an der authentischen Originalsubstanz zu vermeiden (Prinzip der minimalen Intervention / Konservierung).

WORKSHOPTEILNEHMER UND - TEILNEHMERINNEN

Wie überall zieht es die Menschen auch in Kuba an die Hochschulen und Universitäten. Soziales Prestige erhält man unter anderem mit guter Bildung. Gute Restaurierungsfachleute werden allerdings oft zu Dozenten und entfernen sich damit von der Praxis; ihnen fehlt zunehmend die handwerkliche Routine. Professorinnen und Professoren mit ihren Assistenten gehörten deshalb ebenso zu den Teilnehmern an den Workshops wie Absolventen der Abteilung für Konservierung und Restaurierung der Hochschule für Kunst.

Eine spezielle und für Kuba nicht typische Ausbildungsstätte ist zudem die Escuela Taller de Oficios de La Habana, eine Art Berufsschule mitten in der Altstadt von Havanna. Hier werden Praktiker und Praktikerinnen ausgebildet, die während ihrer „Lehre" an realen Restaurierungsobjekten arbeiten. Sie sind als Berufsleute in einen normalen Arbeitsprozess integriert. Von den Kursteilnehmern aus der Escuela versprach sich das Schweizer Team eine Art Schneeballeffekt, weil Vormachen und Nachahmen dort als normales Ausbildungsprinzip gilt. Auch die Schweizer Gruppe bestand nicht aus Akademikern. Ursprünglich hatten die Workshop-Leiter Maurer, Maler, Vergolder oder Schreiner gelernt und sich später durch Zusatzausbildungen und praktische Tätigkeiten ein breites Wissen als Restauratorin / Restaurator zugelegt. Ein guter Restaurator ist ein handwerklicher Allrounder.

ZIELE UND FAZIT

Die Teilnehmer und Teilnehmerinnen sollten befähigt werden, die Werte und Probleme eines konkreten Objektes zu erkennen und daraus die nötigen Maßnahmen abzuleiten. Erkannte und definierte Schlüsselelemente bestimmten den Arbeitsplan. Auf der Bildungsebene wurde der Zugang zu herausragenden Praxisbeispielen und anderen relevanten Quellen aufgezeigt (unter anderem mittels Fachliteratur). Des Weiteren ging es um die professionelle Vernetzung, die Förderung des Zugangs zu professionellem theoretischem und praktischem Austausch auf internationalem Niveau und schließlich darum, sicherzustellen, dass die Ideen und Inhalte aus den Workshops in den Organisationen der Teilnehmer und unter ihren Kollegen weiter Verbreitung finden. Die Teilnehmer und Teilnehmerinnen sollten zudem in Zukunft vergleichbare Restaurierungen anderer Objekte für eine Selbstbeurteilung eigener Arbeiten einsetzen können.

Das Projekt hat eine Annäherung an die Materie wie vorgesehen ermöglicht. Die in den Workshops gemeinsam erarbeiteten Handbücher und die im Selbsttraining erworbenen Kenntnisse bilden zusammen mit dem Verständnis der Zusammenhänge die Voraussetzung für den langfristigen Erfolg der Workshops.

ORGANISATION

› ICOMOS Schweiz, Arbeitsgruppe
  „Restauración en La Habana"

ZUSAMMENARBEIT

› Centro Nacional de Conservación, Restauración
  y Museología (CENCREM), La Habana

› Escuela Taller de Oficios de La Habana

› ICOMOS Schweiz, Arbeitsgruppe
  „Restauración en La Habana"

› HKB Hochschule der Künste Bern,
  Fachbereich Konservierung und Restaurierung

MITGLIEDER DER SCHWEIZER ARBEITSGRUPPE

› Peter Widmer, Dipl. Arch. ETH / SIA EURING,
  Spezialist für integriertes Stadterhaltungs-
  und Entwicklungsmanagement –
  Cátedra UNESCO / CECI / UFPE / Recife / PE 2004,
  Solothurn

› Willy Arn, Restaurator, Lyss

› Heinz Lehmann, Steinrestaurator, Leuzigen

› Stefan Nussli, Restaurator, Bern

CHRONOLOGIE

1997   Entstehung Idee und Konzept während einer
        Studienreise nach Kuba
1998   Erarbeitung Konzept und Detailprogramm
        des ersten Workshops gemeinsam mit
        dem Centro Nacional de Conservación,
        Restauración y Museología CENCREM,
        La Habana
1999   Erster Workshop: „Konservierung und
        Restaurierung traditioneller Kalkmörtel
        und Verputze. Natursteinersatzmörtel für
        Kalksteinwerkteile"
2001   Zweiter Workshop: „Untersuchung und
        Training von Konservierungstechniken von
        historischen Mörteln für Baudenkmäler"
2003   Dritter Workshop: „Integrales Konzept
        der Konservierung und Restaurierung der
        Wandmalerei in Havanna"

Kubanische Stadtansichten – Havanna

Ein fotografischer Essay
Ewa Maria Wolańska

Abb.112 Malecón

Abb. 113 Malecón / Abb. 114 Plaza de la Catedral

Abb.115 Plaza Vieja von Süden / Abb.116 Plaza Vieja von Osten   **125**

Abb.117 / Abb.118 Paseo del Prado

Abb.119 / Abb.120 Paseo del Prado

Abb.121 / Abb.122 Plaza del Cristo

Ewa Maria Wolańskas kubanische Stadtansichten

Architektinnen, Ingenieurinnen, Stadtplanerinnen: Im ehemals kommunistisch regierten Kuba sind sie nicht nur gleichberechtigt, sondern in ihren Berufen so zahlreich vertreten, dass sie im Bauwesen die führende Rolle übernommen haben. Wenn die Aufnahmen von Ewa Maria Wolańska keine spektakulären Neubauten zeigen, sondern ein scheinbar historisches Havanna, dann deshalb, weil die zentrale Aufgabe in der kubanischen Metropole die Erhaltung, Restaurierung und behutsame Erneuerung der Stadt ist. Die Eingriffe offenbaren sich nicht auf den ersten Blick. Insofern erscheint es schlüssig, dass einer Aufarbeitung des architektonischen Schaffens in Havanna die Stadtansichten von Ewa Maria Wolańska zur Seite gestellt werden.

Fünf Orte zeigen die Fotografien, vier davon befinden sich in der Altstadt Havannas: Die im 17. Jahrhundert entstandene Plaza Vieja ist der größte Platz von Habana Vieja und mit seinen zahlreichen Museen auch ihr kulturelles Zentrum. Nördlich davon liegt die Plaza de la Catedral als religiöser Mittelpunkt, während die Plaza del Cristo westlich der Plaza Vieja ein kleinerer, vor allem bei den Einheimischen beliebter Treffpunkt ist. Der Paseo del Prado, ein zwei Kilometer langer Boulevard, markiert die Grenze von Altstadt und Centro Habana (Havanna Mitte). Nordwestlich schließt sich der Malecón an, die Uferpromenade, die von 1901 bis 1950 ihr heutiges Erscheinungsbild erhielt; sie verläuft vom Kopf des Paseo del Prado über Centro Habana und El Vedado bis zum Stadtviertel Miramar.

Wolańskas Panoramen zeigen, dass Stadt mehr ist als eine Ansammlung von Einzelbauten. Raum, Platz, Straße, der Atlantik sind mindestens so wichtig wie die Architektur selbst. Menschen, die diese Flächen bevölkern, stehen nicht im Zentrum von Wolańskas Interesse. Einzig die Aufnahme der Plaza de la Catedral lässt die pulsierende Stadt ahnen. Auf den Bildern der Plaza del Cristo dominiert der Schatten der Bäume, vor dessen Dunkel die Menschen sich kaum abheben. Auch auf dem Paseo del Prado sind sie unter den Bäumen fast nicht auszumachen. Hitzeleere Straßen und Plätze strahlen größte Ruhe aus. Meist lässt ein Schatten in den Ecken der Bilder noch die Linse, in der sich das Licht fängt, ahnen.

Diese Schatten, die man von alten Aufnahmen kennt, lassen den Betrachter ebenso innehalten wie die schwarze Umrahmung, die essenziell ist für diese Arbeiten Wolańskas. Sie verdeutlicht, dass die Fotografie fragmentarisch ist. Wolańska behauptet nie, die Realität zu zeigen, sondern dokumentiert, dass jeder noch so weite Blickwinkel immer nur einen Ausschnitt

Abb. 123 Paseo del Prado, Originalfoto

einfangen kann. Der Entstehungsprozess des Bildes wird sichtbar. Die Technik, mit der die Fotografin arbeitet, ist konstitutiv für den Inhalt. Über die auf den Bildern gezeigten Orte hinaus thematisiert Ewa Maria Wolańska die sinnliche Wahrnehmung und individuelle ästhetische Erfahrung der Fotografie und ihrer Produktion.

In Kuba arbeitete Ewa Maria Wolańska mit einem Material, das flüchtig ist und limitiert zugleich: mit Instant Color Film FP-100 Fuji Film. Das ist ein Sofortbild-Material, das seit einigen Jahren nicht mehr produziert wird. Nur das Material, das Wolańska einmal erworben hat, steht ihr zur Verfügung – darüber hinaus nichts mehr. Daher birgt das Sofortbild fast die gleiche Herausforderung wie die andere Technik, mit der sie zu arbeiten pflegt, die analoge Fotografie mit einer alten Plattenkamera. Dieses Gerät ist schwer. Die großformatigen Glasplatten sind unhandlich. Es können jeweils nur wenige davon transportiert werden. Gegenstand, Ausschnitt und Zeitpunkt der Aufnahme müssen im Vorfeld bedacht und komponiert werden.

Da die Menge an Instantmaterial limitiert ist, muss die Fotografin beim Sofortbild ebenso wohlüberlegt vorgehen. Sie muss sich mit dem Ort auseinandersetzen, das Sujet wählen, Lichtsituation und Moment der Aufnahme planen – und das, obwohl man mit diesem Material, das direkt vor Ort entwickelt wird, eigentlich Spontaneität und Skizzenhaftigkeit verbindet. Aus diesem Kontrast erwächst die künstlerische Kraft der Fotografien Wolańskas; er wird noch verstärkt dadurch, dass die Aufnahmen flüchtig sind. Die Bilder verblassen auf dem Instant-Material umso schneller, je stärker sie dem Licht ausgesetzt sind – bis sie am Ende ganz verschwunden sind. Da von jeder Fotografie nur ein Exemplar existiert, ist das Bild dann unwiederbringlich verloren. Wolańska thematisiert damit Vergänglichkeit im doppelten Sinne. Die auf Dauerhaftigkeit angelegte Architektur wird mit einem flüchtigen Medium erfasst, und damit wird ihre Evidenz hinterfragt: „Die Bilder der Architektur, die immer mit der Natur verbunden sind, zeigen das am deutlichsten. So kann man auch ein konzipiertes Objekt fotografieren, und es ist egal, ob es realisiert worden ist oder nicht, [...] oder vielleicht existiert es schon nicht mehr [...]."

Doch Wolańska findet sich mit den Beschränkungen des Sofortbild-Materials nicht ab. Sie experimentiert und gewinnt aus dem Verbrauchsmaterial ein Negativ, mit dem sie weiterarbeiten kann. Da die materielle Grundlage eine andere ist, entstehen ganz neue Bilder der gleichen fotografischen Aufnahme. Indem Wolańska die handwerklich-technischen Aspekte in Szene setzt, geht es ihr um die Reflexion dessen, was Fotografie eigentlich ist und in welchem Verhältnis sie zur realen Welt steht. Sie lotet Grenzen aus: die des Mediums und die des Bildgegenstands. Und genau deshalb sind Wolańskas Fotografien eine hervorragende Entsprechung zur Arbeit von Architektinnen, Bauingenieurinnen und Stadtplanerinnen in Kuba.

Sylvia Claus

Abb. 124 Paseo del Prado, Negativ

Anhang

Projektleitung und Herausgeberin

Christine Heidrich
Dipl. Ing. Architektur MAS ETH
Raumresonanz
www.raumresonanz.ch

Christine Heidrich studierte Architektur an der Leibniz Universität Hannover und diplomierte bei Prof. Dr. Ursula Paravicini am Institut für Architektur- und Planungstheorie. An der ETH Zürich erlangte sie den Master of Advanced Studies in Architekturgeschichte und -theorie am gta-Institut und bildete sich an der Zürcher Hochschule der Künste in Farbenlehre weiter.

Sie hat in verschiedenen Architektur- und Innenarchitekturbüros in Deutschland und der Schweiz gearbeitet, mit Schwerpunkten im Wohnungsbau, Umnutzungskonzepten sowie temporärer Architektur und Farbgestaltung. Als Projektleiterin für Design bei der Creaworld AG für visuelle Kommunikation entwickelte sie innovative Gestaltungskonzepte und ganzheitlich-sinnliche Architekturen. Anschließend gründete sie die Firma Raumresonanz für Architektur und Design.

Zu ihren Werken gehört unter anderem die Absinthebar Die Grüne Fee in Solothurn, deren Mitinhaberin sie ist. Darüber hinaus ist sie als Autorin und Übersetzerin tätig und schreibt zu Architekturtheorie und Kunst. Nebenbei engagiert sie sich für die Gleichstellung der Frau in der Architektur.

Auswahl Schriften
- „Wohlfahrtsgebäude der Chemischen Fabrik vormals Sandoz AG, Basel", in: Sylvia Claus und Lukas Zurfluh (Hg.), *Städtebau als politische Kultur. Der Architekt Hans Bernoulli als Theoretiker*, Zürich 2018, S. 224 – 226
- „48 Reiheneinfamilienhäuser, Basel", in: Sylvia Claus und Lukas Zurfluh (Hg.), *Städtebau als politische Kultur. Der Architekt Hans Bernoulli als Theoretiker*, Zürich 2018, S. 258 – 260
- *Mirador César Manrique, La Gomera. Architektur als Instrument ästhetischer Bildung* (in Bearbeitung)
- „Kunst und Industriearchitektur – nachhaltige Beziehung oder Beliebigkeit?", in: Werne Feller (Hg.), *recording 3.0*, Frankfurt / Riedholz, voraussichtl. 2020 / 21

Fotoessay

Ewa Maria Wolańska
Dipl. Ing. Architektur MAS ETH
Architekturfotografin
www.wolanska-studio.com

Ewa Maria Wolańska ist Architektin mit Spezialisierung in Architekturfotografie. Sie ist bei Danzig geboren, wo sie an der Technischen Universität Architektur studierte und am Institut für Städtebau zu Fotografie als Forschungsinstrument diplomierte. An der ETH Zürich erlangte sie den MAS (Master of Advanced Studies) in Geschichte und Theorie der Architektur sowie den MAS in Gebäudetypologie der Großstadt. Sie verwendet die Fotografie als Forschungsinstrument für kunstwissenschaftliche Projekte und erstellt Architekturaufnahmen und Baudokumentationen. Ihre mehrfach prämierten Bilder (unter anderem 1. Preis Fotowettbewerb Museum für Gestaltung, Zürich 2011) sind künstlerische Reflexionen über Architektur und Landschaft.

Auswahl Veröffentlichungen
2018   *Städtebau als politische Kultur. Der Architekt und Theoretiker Hans Bernoulli (1876 – 1959)*, gta Verlag, Zürich
2014   *SEKAI*, Iwanami Shoten Publishers, Tokio

Auswahl Ausstellungen
2015   Schloss Ribbeck, Nauen OT Ribbeck
2005   Konica Minolta Plaza Gallery, Tokio
2004   Institute of Contemporary Art, Dunaújváro / Ungarn

Prof. Dr. phil. Sylvia Claus
Kunsthistorikerin und Professorin, Brandenburgische Technische Universität Cottbus-Senftenberg

Sylvia Claus war von 1993 bis 1999 wissenschaftlich an der Akademie der Künste, Berlin, tätig und von 2000 bis 2018 am Institut für Geschichte und Theorie der Architektur der ETH Zürich. Dort leitete sie seit 2004 das Master of Advanced Studies Programm (MAS ETH gta). Sie hat verschiedene Ausstellungen kuratiert und forscht und publiziert zu Kunst-, Architektur- und Städtebaugeschichte des 18. bis 21. Jahrhunderts.

Auswahl Ausstellungen
2017   *Phantom Theorie. Das Institut gta und seine Rolle im Architekturdiskurs seit 1967*, gta Ausstellungen, ETH Zürich
2015   *Bild, Turm, Bau – Richard Meier und das Ulmer Münster*, Stadthaus Ulm
2012   *Building as Art. Richard Meier*, Arp Museum Bahnhof Rolandseck

Projektleitung Kuba

Lic. Inés María López Hernández
Dirección de Cooperación y Relaciones Internaciona-
les OHCH
Direktion für Zusammenarbeit und Internationalen
Austausch, Büro des Stadthistorikers von Havanna

Autoren und Autorinnen

Irén Blanco-Inceosman
M.Sc. Dipl. Architektin
IB Consulting. Architekturprojekte, Stadtentwicklung
und akademische Forschung

Auswahl Schriften
- „Die Wohnraumproblematik in Kuba ist nicht gelöst", in: *Kuba. 50 Jahre zwischen Revolution, Reform –
  und Stillstand?*, Berlin 2011, S. 319–329

Peter Widmer
dipl. Arch. ETH/SIA EUR ING
Spezialist für in die Stadtplanung integrierte Verwaltung des Kulturerbes in Lateinamerika, Nachdiplom
Universidade Federal de Pernambuco
www.wwbarch.ch

Auswahl Schriften
- „Restauración en La Habana, Cuba. Restaurierung
  von Wandmalereien in der Altstadt von Havanna",
  in: *Restauro*, H. 3 (2006), Jg. 112, S. 168–173

Prof. Dr. María Victoria Zardoya Loureda
Leiterin des Zentrums für Städtebauforschung
in Havanna
Fakultät für Architektur, Technische Universität
Havanna CUJAE

Auswahl Schriften
- „Labor urbanística y desarrollo local de los inge-
  nieros militares en La Habana, Cuba. Siglo XIX", in:
  Urbano, Bd. 14, H. 24 (2011), S. 45–52
- „La arquitectura educacional de los sesenta en Cu-
  ba", in: *Arquitectura y Urbanismo*, Bd. 36, H. 3 (2015),
  S. 5–19
- „Las iglesias neogóticas de la Habana", in: Martín
  M. Checa-Artasu und Olimpia Niglio (Hg.), *El Neo-
  gótico en la Arquitectura Americana. Historia, restau-
  ración, reinterpretaciones y reflexiones*, Ariccia 2016,
  S. 281–296

Wissenschaftliche Beratung

Prof. Dr. Dipl. Arch. EPFL Ursula Paravicini
Ehem. Leiterin des Instituts für Architektur- und
Planungstheorie, Leibniz Universität Hannover

Auswahl Schriften
- *Habitat au Féminin*, Lausanne 1990
- *Neukonzeption öffentlicher Räume*, mit
  Silke Claus, Susanna von Oertzen u. a., Hannover
  2002
- *Architektur- und Planungstheorie. Konzepte
  städtischen Wohnens*, Stuttgart 2009

Prof. Dr. phil. Sylvia Claus
Kunsthistorikerin und Professorin, Brandenburgische
Technische Universität Cottbus-Senftenberg
www.b-tu.de

Auswahl Schriften
- *Städtebau als politische Kultur. Der Architekt und The-
  oretiker Hans Bernoulli (1876–1959)*, hg. mit Lukas
  Zurfluh, Zürich 2018
- *Lux Guyer. Architektin*, 2. Aufl., hg. mit Dorothee Hu-
  ber und Beate Schnitter, Zürich 2013
- *Building as Art. Richard Meier*, Ausst. Kat. Arp
  Museum Bahnhof Rolandseck, 30. September 2012
  – 3. März 2013, hg. mit Matthias Schirren, Rema-
  gen 2012

Dr. Katia Frey
Städtebauhistorikerin, dedra, Zürich
www.dedra.ch

Auswahl Schriften
- *Theoretikerinnen des Städtebaus. Texte und Projekte
  für die Stadt*, hg. mit Eliana Perotti, Berlin 2015
- *Anthologie zum Städtebau*, Band I-III, hg. mit Vittorio
  Magnago Lampugnani, Eliana Perotti, Berlin 2008

Dr. Eliana Perotti
Principal Investigator SNF Flora Ruchat Roncati, ETH
Zürich, Departement Architektur
www.flora-ruchat-roncati-snf.ch

Auswahl Schriften
- *Frauen blicken auf die Stadt. Architektinnen, Planerinnen, Reformerinnen*, hg. mit Katia Frey, Berlin 2018
- *Stadt & Text, Ideengeschichte des Städtebaus im Spie-
  gel theoretischer Schriften seit dem 18. Jahrhundert*, hg.
  mit Vittorio Magnago Lampugnani und Katia Frey,
  Berlin 2010

GLOSSAR: KUBANISCHE BEGRIFFE

- CAME Consejo de Ayuda Mútua Económica
  Rat für gegenseitige Wirtschaftshilfe (RGW) der sozialistischen Staaten
- Cátedra Gonzales de Cárdenas de Arquitectura Vernácula de La Habana
  Lehrstuhl für Vernakuläre Architektur in Havanna
- CENCREM Centro Nacional de Conservación, Restauración y Museología
  Nationales Zentrum für Konservierung, Restauration und Museumskunde 1982–2012
- CICOP Centro Internacional para la Conservación del Patrimonio
  Internationales Denkmalpflegezentrum in La Laguna, Teneriffa, Spanien
- Comisión Nacional de Monumentos
  Nationale Denkmalpflegekommission
- Consejo Nacional del Patrimonio
  Nationalrat für Denkmalpflege
- CUC Peso Cubano Convertible
  Konvertibler kubanischer Peso (1 CUC = 1 USD)
- CUP Peso Cubano Nacional
  Nationale nicht konvertible Währung (1 CUC = 25 CUP)
- CUJAE Ciudad Politécnico José Antonio Echeverría
  Technische Universität von Havanna, früher: Instituto Superior Politécnico José Antonio Echeverría (ISPJAE)
- COSUDE Agencia Suiza para el Desarrollo y la Cooperación
  Direktion für Entwicklung und Zusammenarbeit (DEZA) des Eidgenössischen Departements für Auswärtige Angelegenheiten (EDA)
- Departamento de Conservación Arquitectónica
  Departement für Konservierung in der Architektur
- Dirección de Información del Comité Estatal de la Construcción
  Informationsdirektion des Staatskomitees für Bauwesen
- Dirección de Proyectos de Arquitectura y Urbanismo
  Direktion für Architektur- und Städtebauprojekte
- Direccion General de Proyectos de Arquitectura e Ingeniería
  Generaldirektion für Architektur- und Ingenieurprojekte (Vorläufer der Firma Restaura)
- DGPAU Dirección General de Proyectos de Arquitectura y Urbanismo de la Oficina del Historiador de la Ciudad de La Habana
  Generaldirektion für Architektur- und Stadtplanungsprojekte des Büros des Stadthistorikers von Havanna
- Empresa de Restauración de Monumentos
  Restaurierungsfirma für Baudenkmäler
- Empresas Provinciales de Servicios Técnicos del Arquitecto de la Comunidad
  Provinzialfirmen für technische Dienstleistungen des Gemeindearchitekten
- Especialista
  Spezialistin, Weiterbildungstitel an höheren Bildungseinrichtungen
- FMC Federación de Mujeres Cubanas
  kubanischer Frauenverband
- GEPAC „Proyecto Gestión Participativa local en la rehabilitación del Centro histórico de La Habana"
  Projekt zur „Förderung von partizipativen Methoden in der Verwaltung der historischen Zentren"
- Grupo Empresarial de Diseño e Ingeniería de la Construcción
  Unternehmensgruppe für Gestaltung und Bauingenieurwesen
- HABITAT-2 „Proyecto Implementación de estrategias para la gestión local del hábitat a escala municipal"
  „Projekt Lokale Strategien zur Förderung des Habitats"
- Instituto de Planificación Física
  Institut für Raumplanung
- ISPJAE Instituto Superior José Antonio Echevarría
  Offizielle Bezeichnung der Ciudad Universitaria José Antonio Echeverría (CUJAE) zwischen 1976 und 2016. Heute ist die Abkürzung CUJAE landläufig, seit der Resolution zur Vereinheitlichung aller Universitäten Kubas 2016 lautet die korrekte Bezeichnung jedoch Universidad Tecnológica de la Habana
- MICONS Ministerio de la Construcción
  Bauministerium
- MINCEX Ministerio del Comercio Exterior y la Inversión Extranjera
  Ministerium für Außenhandel und ausländische Investitionen
- MINTUR Ministerio de Turismo
  Ministerium für Tourismus
- MTSS Ministerio de Trabajo y Seguridad Social
  Ministerium für Arbeit und Sozialversicherung
- OHCH Oficina del Historiador de la Ciudad de La Habana
  Büro des Stadthistorikers von Havanna
- PEDI Plan Especial de Desarrollo Integral
  Spezialplan für integrale Entwicklung, herausgegeben von Plan Maestro
- PLAN MAESTRO
  Stadtplanungsabteilung der OHCH, zuständig für die Altstadt von Havanna, gegründet 1982
- PRODEL Proyecto para el fortalecimiento de las capacidades municipales para el desarrollo local
  Projekt zur Stärkung der Gemeindeverwaltungen und Förderung von Lokalentwicklung
- Restaura, Empresa de Proyectos de Arquitectura y Urbanismo de la OHCH
  Firma für Architektur- und Städtebauprojekte der OHCH, 2015 als Nachfolge der Generaldirektion für Architektur- und Ingenieurprojekte gegründetes staatliches Architekturbüro, zuständig für alle Bauvorhaben in der Altstadt von Havanna

- Solares / cuarterías
  Kubanische Wohnungstypologie: Mehrere Familien be-
  wohnen ein Gebäude, das ursprünglich nicht für mehre-
  re Parteien im Sinne von Mehrfamilienhäusern errichtet
  wurde. Jede Familie besitzt ihren einen eigenen Wohn-
  bereich, Räume wie Badezimmer oder Innenhöfe wer-
  den gemeinschaftlich genutzt.
- UNAICC Unión nacional de arquitectos e ingenieros
  de la construcción de Cuba
  Nationaler kubanischer Architekten- und Ingenieurver-
  band

SONSTIGE ABKÜRZUNGEN

- DOCOMOMO
  Internationales Komitee für Dokumentation und Erhalt
  von Gebäuden, Anlagen und Stadtteilen der Moderne
- ICOM International Council of Museums
  Internatoinaler Rat für Museen
- ICOMOS International Council on Monuments and
  Sites
  Internationaler Rat für Denkmäler und historische
  Stätten
- TICCIH The International Committee for the Con-
  servation oft the Industrial Heritage
  Internationes Komitee für die Erhaltung des Industrie-
  erbes

LITERATURVERZEICHNIS (Auswahl)

Kuba, Havanna

- Almandoz, Arturo (Hg.), *Planning Latin America's Capital Cities 1850 – 1950*, London u. a. 2002
- Alonso, Alejandro G., *Art Deco en La Habana Vieja*, Havanna 2013
- Bahrmann, Hannes, *Abschied vom Mythos. Sechs Jahrzehnte kubanische Revolution. Eine kritische Bilanz*, Berlin 2016
- Birkenmaier, Anke / Whithfield, Esther (Hg.), *Havana beyond the Ruins*, Durham / London 2011
- Carley, Rachel / Brizzi, Andrea, *Kuba: Architektur aus vier Jahrhunderten*, Berlin 1998
- Cluster, Dich / Hernández, Rafael, *A History of Havana*, New York 2008
- Cuadras, Manuel (Hg.), *La Arquitectura de la Revolución Cubana 1959 – 2018*, Kassel 2018
- Eidgenössisches Departement für auswärtige Angelegenheiten EDA Direktion für Entwicklung und Zusammenarbeit DEZA Abteilung Lateinamerika und Karibik (Hg.), *Kooperationsstrategie Kuba 2017 – 2021*, Havanna 2017
- Gómez Díaz, Francisco, *Aprendiendo de La Habana*, Sevilla 2002
- Gómez Díaz, Francisco, *De Forestier a Sert. Ciudad y arquitectura en La Habana 1925 – 1960*, Madrid 2008
- Gómez Díaz, Francisco u. a., *La Plaza Vieja de La Habana. El proceso de recuperación,* Sevilla 2011
- Gómez Díaz, Francisco, *La Habana. Ciudad Bahía*, Sevilla 2011
- Gómez Díaz, Francisco, *La Habana. Lugares de ciudadanía*, Sevilla 2013
- Guerra Vilaboy, Sergio / Loyola Vega, Oscar, *Kuba: Eine Geschichte*, Melbourne / New York 2015
- Guevara, Ernesto Che, *Pasajes de la Guerra Revolucionaria. Cuba 1959 – 1969*, Havanna 2002
- Gugger, Harry / Spörl, Henriette Helga (Hg.), *Havana Lessons*, Lausanne 2007
- Hoffmann, Bert, *Kuba*, München 2009
- Humboldt, Alexander von, *Voyage aux régions équinoxiales du Nouveau Continent […]*, *Voyage de Humboldt et Bonpland, Partie 1, Relation historique,* 1814 – 25, Bd. 3, Paris 1825
- Oficina del Historiador (Hg.), *Habana es nombre de mujer*, Havanna 2007
- Oficina del Historiador / UNESCO (Hg.), *Una experiencia singular. Valoraciones sobre el Modelo de Gestión Integral de La Habana Vieaj, Patrimonio de la Humanidad*, Havanna 2006
- Peña Díaz, Jorge / Schmid, Christian, „Mapeando La Habana", in: *Planificación Física. Cuba*, Nr. 12 , Havanna 2007, S. 46 – 52
- Peñate Dìaz, Florencia, „La obra de las arquitectas cubanas de la Repùblica entre los años 40 y fines

de los 50 del siglo XX", in: *Arquitectura y Urbanismo* (2012), Bd. 33, Nr. 3, Sept. – Dez., S. 70 – 82, URL: http://scielo.sld.cu/pdf/au/v33n3/au070312.pdf (13.04.2020)
– Pérez Cortés, Martha Oneida / Iglesias Pérez, Maidolys, *Patrimonio y ciudadanía: Experiencias de participación en La Habana Vieja*, Havanna 2014
– Plan Maestro (Hg.), *Desafío de una utopía*, Havanna 2001
– Plan Maestro (Hg.), *Plan de Manejo. Paisaje Cultural: Bahía de la Habana. Avance*, Havanna 2017
– *Plan Maestro (Hg.), PEDI Plan Especial de Desarollo Integral 2030: La Habana Vieja*, Havanna 2016
– Plan Maestro (Hg.), *El Malecón Tradicional. Plan Especial de Rehabilitación Integral. Regulaciones urbanísticas: Centro Habana*, Havanna 2014
– Rodríguez Alomá, Patricia (Hg.), *Cuba: Las centralidades urbanas son los lugares de la memória*, Bogotá 2015
– Rigol, Isabel / Rojas, Ángela, *Conservación patrimonial: Teoría y crítica*, Havanna 2014
– Rodríguez, Eduardo Luis, *The Havana Guide. Modern Architecture 1925 – 1965*, New York 2000
– Rodríguez, Eduardo Luis / Duque Estrada, Roberto Santana, *Architekturführer Havanna*, Berlin 2013
– Widmer, Peter, „Restauración en La Habana Cuba", in: *Restauro* (2006), H. 3
– Widmer, Peter, Abbatiale de Bellelay: „Fassadenrestaurierung", in: *SI+A* (2000), H. 8

Architekturtheorie, Genderforschung

– Álvarez Isidro, Eva María, *Women in Architecture 1975 / 2005*, Diss., Valencia 2016
– Anthony, Kathryn H., *Designing for Diversity: Gender, Race and Ethnicity in the Architectural Profession*, Urbana / Chicago 2001
– Bergmann, Heiko / Fueglistaller, Urs u. a., *Bedeutung und Positionierung von Frauen in Schweizer KMU. Studie im Auftrag des Schweizerischen Gewerbeverbandes sgv und der KMU Frauen Schweiz. Forschungsbericht KMU-HSG*, St. Gallen, 2014
– Berkeley, Ellen Perry / Mcquaid, Matilda, *Architecture. A Place for Women*, Washington, 1989
– Brown, Lori A. (Hg.), *Feminist Practices. Interdisciplinary Approaches to Women in Architecture*, Farnham, Surrey, 2011
– Darling, Elizabeth / Walker, Lynne, *AA Women in Architecture 1917 – 2017*, London 2017
– Eagly, Alice H. / Johannesen-Schmidt, Mary C. u. a., „Transformational, Transactional, and Laissez-faire Leadership Styles: A Meta-Analysis Comparing Women and Men", in: *Psychological Bulletin* (2003), Jg. 129, H. 4, S. 569 – 591
– Espegel, Carmen, *Heroínas Del Espacio*, Valencia, 2006

– Fernández García, Ana María u. a. (Hg.), *MoMoWo. 100 Works in 100 Years. European Women in Architecture 1918 – 2018*, Llubljana 2016
– Gleasner, Katja, *Geheimrezept weibliche Führung? Hintergründe, Mythen und Konzepte zum weiblichen Führungsstil. Eine empirische Untersuchung beim Deutschen Gewerkschaftsbund*, Kassel 2007
– Hans-Böckler-Stiftung (Hg.), *WSI Report. Entgeltgleichheit von Frauen und Männern*, Nr. 45, Januar 2019, mit Beiträgen von Helge Baumann, Christina Klenner u. a., Düsseldorf 2019
– Helgesen, Sally, *The Female Advantage. Women's ways of Leadership*, 3. erw. Aufl. New York 1995
– Karácsony, Maya / Zibell, Barbara (Hg.), *Frauennetzwerke in Architektur & Planung*, Reihe Weiter denken, Bd. 6, Zürich 2018
– Krell, Gertraude (Hg.), *Chancengleichheit durch Personalpolitik, Gleichstellung von Frauen und Männern in Unternehmen und Verwaltung, Rechtliche Regelungen – Problemanalysen – Lösungen*, Wiesbaden 2004
– Kullack, Tanja (Hg.), *Architektur – eine weibliche Profession*, Berlin 2011
– Lorenz, Clare, *Women in Architecture: A Contemporary Perspektive*, London 1990
– May, Ruth / Zibell, Barbara (Hg.), *GenderKompetenz in Architektur, Landschaft, Planung: Ideen, Impulse, Initiativen*, Reihe Weiter denken, Bd. 3, Hannover, 2012
– Neuberger, Oswald, *Führen und führen lassen*, Stuttgart 2002
– Paravicini, Ursula, *Habitat au Féminin*, Lausanne 1990.
– Paravicini, Ursula / Claus, Silke u. a., *Neukonzeption öffentlicher Räume*, Wiss. Reihe NFFG, Bd. 3, Hannover 2002
– Paravicini, Ursula / May, Ruth, „In den Brüchen der Stadt die Zukunft gestalten: Zur Stadterneuerung in Europa", in: Bauhardt, Christine (Hg.), *Räume der Emanzipation*, Wiesbaden 2004, S. 179 – 200
– Perotti, Eliana / Frey, Katia (Hg.), *Theoretikerinnen des Städtebaus. Texte und Projekte für die Stadt*, Berlin 2015
– Perotti, Eliana / Frey, Katia (Hg.), *Frauen blicken auf die Stadt. Planerinnen, Reformerinnen*, Berlin 2018
– Pepchinsky, Mary u. a. (Hg.), *Frau Architekt*, Frankfurt a. M. 2017
– Piersantelli, Nicoletta, „Die unsichtbare Hand der Frauen", in: *Szene Alpen* (2015), H. 100, S. 18
– Rendell, Jane / Penner, Barbara, *Gender Space Architectre. An interdisciplinary introduction*, London / New York 2000
– Schmid, Christian, „Henri Lefebvre und das Recht auf die Stadt", in: Holm, Andrej / Gebhardt, Dirk (Hg.), *Initiativen für ein Recht auf die Stadt. Theorie und Praxis städtischer Aneignungen*, Hamburg 2011, S. 25 – 52

– Zibell, Barbara, *On Stage! Women in Landscape_Architecture and Planning*, Berlin 2017

Zeitschriften

– Artecubano (2014), Jg. 19, H. 1
– Opus Habana (2013), Bd. XV, H. 2 (Juli – Oktober)
– archithese Sonderheft *Bildungslandschaften* (2016), H. 2
– Baumeister Sonderheft *Baumeisterinnen* (2017), Jg. 114, H. 8
– Dearq (Juli 2017), H. 20, *Mujeres en Arquitectura / Women in Architecture*, Universidad de los Andes

Internetbeiträge: Kuba

– Bauer, Richard, „Aus Generälen werden Wirtschaftskapitäne", 01.07.2017, URL: https://www.nzz.ch/wirtschaft/kubas-wirtschaft-unter-druck-aus-kubas-generaelen-werden-wirtschaftskapitaene-ld.1303795 (11.01.2020)
– Caballero, Elaine, „Cuidar la Ciudad y su Historia", 18.01.2019, URL: http://www.habanaradio.cu/culturales/cuidar-la-ciudad-y-su-historia (08.01.2020)
– Elizalde, Rosa Miriam / Francisco, Ismael, „Concluyó el Congreso del Partido de los comunistas cubanos Electo nuevo Buró Político y Secretariado", 19.04.2016, URL: http://www.cubadebate.cu/noticias/2016/04/19/concluyo-el-congreso-electo-nuevo-buro-politico-y-secretariado/#.XQdPko9CTmE (08.01.2020)
– Genner, Sarah, „Reise in die digitale Steinzeit", 15.07.2017, URL: https://www.nzz.ch/feuilleton/dado-ruvic-reise-in-die-digitale-steinzeit-ld.1306162 (23.03.2019)
– Hermsdorf, Volker, „Privat-Internet für Kuba", 27.06.2013, URL: https://www.cuba-si.ch/de/blog/privat-internet-fuer-kuba (08.01.2020)
– Kunzmann, Marcel, „Kuba feiert 60. Jahrestag der Revolution", 03.01.2019, URL: https://amerika21.de/2019/01/219855/kuba-60-jahrestag-der-revolution (07.04.2019)
– Leal Spengler, Eusebio, „Andar La Habana", URL: http://www.eusebioleal.cu (08.01.2020)
– Oficina Nacional de Estadística e Información, „Mujeres y Empleo", URL: http://www.one.cu/publicaciones/coleccionestadisticas/Mujeres%20y%20EMPLEO.pdf (08.01.2020)
– Radio Rebelde, „Dos mujeres en el Capitolio de La Habana", 29.03.2016, URL: http://www.cubadebate.cu/noticias/2016/03/29/historias-de-mujeres-en-el-capitolio-de-la-habana-fotos/#.XdKSudUxlaQ (08.01.2020)
– Siegle, Jochen, „Internet-Surfen auf Kuba", 05.12.2018, URL: https://www.nzz.ch/digital/internet-surfen-auf-kuba-ld.1442279 (08.01.2020)
– Trevor Burrell, Mark, „La restauración del Capitolio de La Habana", 18.10.2015, URL: https://www.elnuevoherald.com/noticias/mundo/america-latina/cuba-es/article39781206.html (08.01.2020)
– Zabalbeascoa, Anatxu, „Arquitectura y género en La Habana", URL : https://blogs.elpais.com/del-tirador-a-la-ciudad/2014/10/ (11.01.2020)

Internetbeiträge: Genderfokus

– Álvarez Isidro, Eva María, „Women in Architecture. General Data Draft Report", 10.03.2016, URL: https://issuu.com/eva_alvarez/docs/ad_8_1975_2016_survey_complete_draf (08.01.2020)
– Architectural Association, „AA XX 100. Celebrating 100 Years of Women in the Architectural Association", URL: http://xx.aaschool.ac.uk (80.01.2020)
– Bundesministerium für Wirtschaft und Energie, „Berufsbildungssystem in Kuba", URL: https://www.bq-portal.de/db/L%C3%A4nder-und-Berufsprofile/kuba (08.01.2020)
– Hill, John, „Frauen in der Architektur", 17.09.2015, URL: https://www.swiss-architects.com/en/architecture-news/hintergrund/frauen-in-der-architektur (08.01.2020)
– Interparlamentarische Union, „Women in Parliament", URL: http://archive.ipu.org/wmn-e/classif.htm (08.01.2020)
– Matzig, Gerhard, „Frauen in der Architektur. Die Gattin des Genies", 17.06.16, URL: https://www.sueddeutsche.de/karriere/frauen-in-der-architektur-die-gattin-des-genies-1.3027478 (11.01.2020)
– netzwerk frau und sia, „Architekturausbildung in der Schweiz. Überblick", URL: https://frau.sia.ch/sites/frau.sia.ch/files/ARCH_Ausbildung%20Schweiz%20Uebersicht_180120.pdf (08.01.2020)
– Schweizer Radio und Fernsehen (SRF), „Kulturplatz Schweiz: Männerwelt Architektur. Frauen in die Chefsessel der Kultur!", URL: https://www.srf.ch/kultur/gesellschaft-religion/wochenende-gesellschaft/kulturplatz-frauen-in-die-chefsessel-der-kultur (08.01.2020)
– Stallmach, Lena, „Männliches Gehirn ≠ weibliches Gehirn", 27.10.2017, URL: https://www.nzz.ch/wissenschaft/biologie/maennliches-gehirn-weibliches-gehirn-ld.1324241 (17.06.2019)
– The Architectural Review, „Initiatives promoting gender equality in architecture", 07.12.2018, URL: https://www.architectural-review.com/essays/campaigns/women-in-architecture/initiatives-promoting-gender-equality-in-architecture/10037345.article (08.01.2020)

Interviews mit den Protagonistinnen / Übersetzungen

Vom 07.02. – 15.02.2018 führte Christine Heidrich Interviews mit folgenden Gesprächspartnerinnen in Havanna: Ailyn Posada*, Dolores Valdés Xiqués, Enna Vergara Cardoso, Johanna Aedo Guitierrez, Lohania Cruz Gonzáles, Marisol Marrero Oliva, Norma Pérez-Trujillo Tenorio, Perla Rosales Aguirreurreta, Tatiana Fernández de los Santos, Vivian M. Álvarez Isidrón, Yeni Molina*, Zoila Cuadras Sola.
Die Interviews mit Irén Blanco-Inceosman und Sofía Caridad Martínez Guerra erfolgten schriftlich zwischen November 2018 und April 2019.
Alle Interviewaufnahmen wurden von Irén Blanco-Inceosman transkribiert.
Die Übersetzungen aus dem Spanischen ins Deutsche (S. 7, 12–79, 85–101, 113–117) stammen von Christine Heidrich.

* nicht im Buch vertreten

Name	Bauwerke	Interview Auszug	Bemerkung
Arq. Álvarez Isidrón, Vivian	Casa Arango y Pareño Castillo de la Real Fuerza	–	
Ing. Aedo Gutiérrez, Johanna	–	x	nicht planerisch tätig
Arq. Blanco-Inceosman, Irén	Café El Escorial	x	lebt außerhalb von Kuba
Arq. Cuadras Sola, Zoila	Circulo Infantil „Mi Casita Colonial" Fassade Wohngebäude San Ignacio 360	x	
Arq. Cruz Gonzáles, Lohania	Tanzakademie Lizt Alfonso Kloster Santa Brígida	–	
Arq. Fernández de los Santos, Tatiana	Casa Simón Bolivar Wohngebäude San Ignacio 414	x	
Ing. Marrero Oliva, Marisol	Capitolio Nacional Universitätskollegium San Gerónimo	–	
Arq. Pérez-Trujillo Tenorio, Norma	Palacio del Segundo Cabo El Templete	x	
Arq. Rosales Aguirreurreta, Perla	Castillo de San Salvador de La Punta	x	
Arq. Valdés Xiqués, Dolores	Hotel San Felipe y Santiago de Bejucal Wohnhaus / Galerie Amargura 56	–	
Arq. Vergara Cardoso, Enna	Castillo Santo Domingo de Atarés Quinta de los Molinos	–	

Beitrag Irén Blanco-Inceosman

In unserem Land arbeiten wir immer im Team

– Mabel Matamoros, Tuma, *El Diseño de Interiores como componente del Diseño Arquitectónico. Un enfoque en el ámbito nacional*, Diss., Instituto Superior Politécnico José A. Echeverría, Fakultät für Architektur, Havanna 2003
– Mabel Matamoros, Tuma / Gutiérrez Maidata, René, *El diseño de interiores en la formación del arquitecto. Experiencias en el Plan de Estudios D. Arquitectura y Urbanismo,* Bd. 34, Nr. 1, Havanna Jan. – Apr. 2013
– Núñez Sarmiento, Marta, *Cambios en la ideología de género entre mujeres y hombres profesionales en la Cuba de hoy*, Havanna 2004
– Núñez Sarmiento, Marta, *Estrategia cubana para el empleo femenino en los 90. Un estudio con mujeres profesionales*, Havanna 2001
– Opus Habana Redaktion, „Ellas restauran", in: *Opus Habana*, H. 53, 09.03.2011, URL: http://opushabana.cu/index.php/articulos-casa-de-papel/2747-ellas-restauran (07.01.2020)
– Peñate Dìaz, Florencia, „La obra de las arquitectas cubanas de la Reùblica entre los años 40 y fines de los 50 del siglo XX", in: *Arquitectura y Urbanismo*, Bd. 33, H. 3, Havanna Sept. – Dez. 2012, S. 70 – 82
– Ramos López, M. Amparo, *Mujeres y liderazgo: Una nueva forma de dirigir*, Valencia 2005
– Santos Gutiérrez, Sinesio / Segrera, Francisco López, *Kubanische Revolution und Hochschulbildung*, Valiação (Campinas), Bd. 13, Nr. 2, Sorocaba, 2008

Beitrag María Victoria Zardoya Loureda

Architektur in Havanna seit den 1990er-Jahren
Auszug aus: María Victoria Zardoya Loureda, La Habana, in: Manuel Cuadras (Hg.), *La Arquitectura de la Revolución Cubana 1959 – 2018*, Kassel 2018, S. 28 – 33

– Cuevas, Juan de las, *500 años de construcciones en Cuba*, Havanna 2001
– Martín, María Elena / Rodríguez, Eduardo Luis, *La Habana. Guía de Arquitectura*, Havanna / Sevilla 1998
– Rodríguez, Eduardo Luis (Hg.), *La Arquitectura del Movimiento Moderno. Selección de Obras del Registro Nacional. Docomomo Cuba*, Havanna 2011
– Segre, Roberto, *Arquitectura y Urbanismo de la Revolución Cubana*, Havanna 1989
– Segre, Roberto, *La vivienda en Cuba, República y Revolución*, Havanna 1985
– Segre, Roberto, *Arquitectura y Urbanismo. Cuba y América Latina desde el siglo XXI*, Havanna 2015

LINKS ZU DEUTSCHSPRACHIGEN FRAUEN-NETZWERKEN ARCHITEKTUR (AUSWAHL)

– Architektinnen Initiative Nordrhein-Westfalen, www.architektinnen-initiative.de
– BauFrauen e.V., www.baufrauen.de
– Créatrice, Verein um die Leistung von Frauen in der Lebens- und Umweltgestaltung sichtbar zu machen, www.creatrices.ch
– DVDP, Dachverband Deutscher Planerinnen, www.planerinnen-netzwerk.de
– Lares Gender- und Alltagsgerechtes Bauen und Planen, www.lares.ch
– n-ails: Netzwerk Architektinnen, Innenarchitektinnen, Landschaftsarchitektinnen, Stadtplanerinnen, www.n-ails.de
– Netzwerk Frau und SIA des Schweizer Ingenieur- und Architektenvereins, www.frau.sia.ch
– Netzwerk pia e.V.: Netzwerk Planerinnen Ingenieurinnen Architektinnen, www.pia-net.de
– vsi: Vereinigung Schweizer Innenarchitekten / Architektinnen, www.vsi-asai.ch
– Women in Architecture, www.women-in-architecture.com
– ZIMT: Ausschuss Ziviltechnikerinnen Österreich, www.arching.at
– Zentralvereinigung der Architektinnen Österreichs, www.zv-architekten.at

ABBILDUNGSNACHWEISE

Adwo / Shutterstock.com: Abb. 75
Aznar, Salvador / Shutterstock.com: Abb. 41
Biedermann, Robert: Abb. 15, 31, 34, 38
de Montfort, Roger / Shutterstock.com: Abb. 78
Durieu, Pierre Jean / Shutterstock.com: Abb. 50
Dydykin, Andrew / Shutterstock.com: Abb. 43
Falkenpost / Pixabay.com: Abb. 56
Foy, Kevin / Alamystock.com: Abb. 65
gg-foto / Shutterstock.com: Abb. 99
Grandi, Diego / Shutterstock.com: Abb. 28
Heidrich, Christine: Abb. 52, 53, 60, 100, 101–106, 109, 110
Kobby, Dagan / Shutterstock.com: Abb. 17
La Rosa, Roberto / Shutterstock.com: Abb. 18
Linda Hughes Photography / Shutterstock.com: Abb. 45
Milasan, Lucian / Shutterstock.com: Abb. 78
OHCH Archiv: Abb. 2–5, 7–14, 20–27, 29, 30, 32, 33, 35–37, 39, 40, 44, 46–49, 54, 55, 57, 58, 61–64, 66–74, 77, 79–87, 89–98
Pabel, Milayra: Abb. 107
Rehak, Matyas / Shutterstock.com: Abb. 51
RICIfoto / Shutterstock.com: Abb. 88
Romas-Vysniauskas / Shutterstock.com: Abb. 19, 108
shazphotos / Shutterstock.com: Abb. 76
Sphole / Pixabay.com: Abb. 42
Tarek G / Shutterstock.com: Abb. 186
Todorovic, Aleksandar / Shutterstock.com: Abb. 59
van Eeghem, Joke / Shutterstock.com: Abb. 6
Wilson, Emily Marie / Shutterstock.com: Abb. 1
Widmer, Peter: Abb. 111
Wolańska, Ewa Maria: Abb. 112–122
xabi_kls / Shutterstock.com: Abb. 16

Illustrationen
Lampe, Loreen: S. 15, 17, 23, 27, 33, 39, 45, 51, 59, 65, 69, 75, 80 / 81, 82

Dank

Ich danke den interviewten Architektinnen und Ingenieurinnen in Havanna für ihr Vertrauen und ihre Bereitschaft, meinem Projekt einen Teil ihrer Zeit zu widmen, insbesondere Tatiana Fernández, deren Begeisterung und tatkräftige Organisation mich ermutigt haben. Mein herzlicher Dank gilt der OHCH für die Zurverfügungstellung von Foto- und Datenmaterial, insbesondere Inés Maria López, ohne deren vielfältige und zuverlässige Unterstützung bei der Koordination dieses Buch kaum möglich gewesen wäre. Auch Irén Blancos kubabezogene Hinweise, ihre Transkriptionen der Interviews und der konstante Austausch mit ihr waren eine unschätzbare Hilfe. Für die wissenschaftliche Beratung bei der zugrundeliegenden Forschungsarbeit danke ich insbesondere Ursula Paravicini, die mich von Anfang an durch ihre kritischen inhaltlichen Anregungen und als Kubakennerin unterstützt hat, Sylvia Claus für den konzeptionellen Austausch sowie Katia Frey und Eliana Perotti für ihre strategischen Ratschläge. Auch Susanne Gysi und Christian Schmid haben mich durch Fachgespräche oder Kubakenntnisse unterstützt.

Herzlich dankbar bin ich den Lektorinnen Nina Seiler und Agnes Halski, die in kurzer Zeit Großartiges geleistet haben, sowie Anna E. Wilkens für ihre richtungsweisenden Vorschläge. Dem Kehrer Verlag, insbesondere Klaus Kehrer und Sylvia Ballhause, gilt mein besonderer Dank für die gute Zusammenarbeit und die professionelle Unterstützung, und Loreen Lampe für die kreative grafische Umsetzung.

Mein herzlicher Dank gilt Ewa Maria Wolańska für ihre Fotografien, ihr begeistertes Engagement und ihre Flexibilität. Auch Robert Biedermann und Milayra Pabel danke ich für ihren motivierten Einsatz und die fotografischen Beiträge, Lara von Däniken für ergänzenden Fotos und Myriam Abebe für die Unterstützung beim Finanzierungskonzept und das Mitdenken.

Mein Dank gilt auch der Schweizer Botschaft und der Direktion für Entwicklung und Zusammenarbeit (DEZA) in Havanna, insbesondere Olivier Praz, für die hilfsbereite Unterstützung.

Herzlich danke ich auch meinen Freunden und allen anderen, die nicht namentlich aufgeführt sind, für ihre Mithilfe.

Mein ganz besonderer Dank geht an Roger Liggenstorfer, dessen Geduld und unermüdlicher Beistand als kritischer Gesprächspartner, Berater, Organisator und Lebenspartner mich durch herausfordernde Zeiten getragen und immer wieder ermutigt haben.

Das Buch wurde realisiert dank der freundlichen finanziellen Unterstützung von:

Kanton Solothurn (Lotteriestiftung)

Stadt Solothurn

Vitra Design Stiftung

sowie privaten Gönnern

© 2020 Kehrer Verlag Heidelberg Berlin,
Christine Heidrich, Autoren und Fotografen

– Herausgeberin
Christine Heidrich

– Texte
Christine Heidrich, Irén Blanco-Inceosman,
María Victoria Zardoya Loureda, Peter Widmer,
Sylvia Claus

– Projektmanagement
Kehrer Verlag (Sylvia Ballhause)

– Lektorat
Nina Seiler, Agnes Halski

– Korrektorat
Inga Streblow

– Gestaltung
Kehrer Design (Loreen Lampe)

– Bildbearbeitung
Kehrer Design (René Henoch)

– Herstellung
Kehrer Design (Tom Streicher)

Bibliografische Information der Deutschen
Nationalbibliothek

Die Deutsche Nationalbibliothek verzeichnet diese
Publikation in der Deutschen Nationalbibliografie;
detaillierte bibliografische Daten sind
im Internet über http://dnb.dnb.de abrufbar.

Printed and bound in Germany
ISBN 978-3-86828-955-8

Kehrer Heidelberg Berlin
www.kehrerverlag.com